Mosaik
bei GOLDMANN

Buch

Die Ursache für die heute so weit verbreiteten Schuldgefühle und Ängste sieht Gerald G. Jampolsky vor allem in unseren Vorstellungen davon, was wir leisten, wie wir handeln und wie andere sich uns gegenüber verhalten sollten. Schuld empfinden wir, weil wir diesen Anforderungen in der Vergangenheit nicht entsprechen konnten, Angst haben wir davor, dies auch künftig nicht zu können. Aus Erfahrungen mit sich selbst und anderen weiß Jampolsky, welche wunderbaren Veränderungen möglich sind, wenn man diesen Ballast abzuwerfen vermag.
Den Weg dorthin zeigt der Autor in diesem Buch. Im ersten Teil legt er die Gedanken dar, die der Befreiung von Schuld und Angst durch Vergebung zugrunde liegen. Im zweiten, umfangreicheren Teil gibt er in vierzehn Lektionen, die viele Beispiele und Übungen sowie bewegende Dokumente enthalten, konkrete Anregungen und Hilfen, wie wir unser Leben positiv verändern können.

Autor

Dr. med. Gerald G. Jampolsky war Psychiater am Medical Center der Universität von Kalifornien in San Francisco, bevor er nach einer tiefgreifenden Lebenskrise das »Center for Attitudinal Healing« in Tiburon, Kalifornien, gründete, dessen Arbeit mit Schwerstkranken, vor allem Kindern und Jugendlichen, inzwischen zur Bildung eines »Netzwerks« ähnlicher Einrichtungen im ganzen Land geführt hat.

Bei Goldmann liegt bereits vor:

Lieben heißt die Angst verlieren (13216)

GERALD G. JAMPOLSKY

Die Kunst zu vergeben

Der Schlüssel zum Frieden mit uns selbst und anderen

Aus dem Amerikanischen übersetzt
von Walter Greifenstein

Mosaik
bei GOLDMANN

Originaltitel:
Goodby to Guilt. Releasing Fear through Forgiveness
Originalverlag: Bantam Books, Inc., New York

Dieses Buch ist dem unschuldigen Kind gewidmet,
das in jedem von uns gegenwärtig ist,
und besonders denen in meinem Leben,
die ich für meine Feinde hielt, indem ich
meine eigenen Schuldgefühle auf sie projizierte.
Ich bin tief dankbar, in ihnen
meine Schwestern und Brüder im Licht
erkannt zu haben – durch meinen Entschluß,
sie als meine Lehrer der Vergebung zu sehen.

Umwelthinweis:
Alle bedruckten Materialien dieses Taschenbuches
sind chlorfrei und umweltschonend.

Der Goldmann Verlag
ist ein Unternehmen der Verlagsgruppe Bertelsmann

Vollständige Taschenbuchausgabe Mai 1991
© 1985 Gerald G. Jampolsky
© 1987 der deutschsprachigen Ausgabe
Kösel Verlag GmbH & Co., München
Umschlaggestaltung: Design Team München
unter Verwendung folgender Fotos:
Außen und Innen: Bavaria/The Telegraph, Gauting
Druck: Presse-Druck Augsburg
Verlagsnummer: 13590
SS · Herstellung: Sebastian Strohmair/sc
Made in Germany
ISBN 3-442-13590-7

6 8 10 9 7 5

Inhalt

Erster Teil:
Frieden in uns selbst –
Frieden für andere

Einleitung

Ich glaube, die wichtigste Aufgabe, die sich uns allen im Leben stellt, ist das Heilen von Beziehungen. In diesem Buch soll gezeigt werden, wie wir Beziehungen durch Vergebung heilen können, wenn wir der Schuld Lebewohl sagen und uns von den Ängsten und Vorwürfen befreien, die uns gegenseitig isolieren.

Schuld kann – sehr vereinfacht – als Gefühl der Selbstverurteilung definiert werden, das wir empfinden, nachdem wir etwas getan haben, das unserer Meinung nach falsch war. Und Angst beschreibt das bange Gefühl der Erregung, das wir verspüren, wenn wir Gefahr wittern – in welcher Form auch immer. Die Begriffe Schuld und Angst liegen sehr eng beieinander; in diesem Buch werden sie häufig sogar synonym verwendet. Vergebung bedeutet das Loslassen des Vergangenen. Solange wir anderen nicht das, was sie uns vermeintlich angetan haben, vergeben, werden wir auch nicht in der Lage sein, uns selbst zu vergeben und inneren Frieden zu finden.

Die meiste Zeit meines Lebens hatte ich bestimmte Erwartungen an andere Menschen, ohne dies in seiner Gesamtheit zu realisieren. Ich wollte, daß sie in eine von mir gefertigte Schablone hineinpaßten. In gewisser Weise dachte ich, daß es eine wunderbare Welt wäre, wenn sich nur jedermann nach mir richten würde. Wenn er es tat, wurde er mein Freund, wenn er meine Erwartungen nicht erfüllte, wollte ich mit ihm nichts mehr zu tun haben.

So wie ich die Situation betrachtete, war es immer die andere Person, die sich ändern mußte, um die Beziehung zu retten, nie ich selbst. Es war für mich deshalb ein ziemlicher Schock, als ich erkannte, daß ich mich selbst ändern mußte und daß alles was ich tun mußte, um eine Beziehung zu heilen, das Loslassen von früheren Schuld- und Angstgefühlen durch Vergebung war.

Als ich damit begann, mich um die gestörten Beziehungen in meinem Leben zu kümmern und zu erforschen, warum sie nicht funktionierten, kam mir das Wort »Suchender« in den Sinn. Ich glaube, daß die meisten von uns mit diesem Wort beschrieben werden können. Jetzt, mit knapp sechzig Jahren, erkenne ich, daß mein ganzes Leben aus einer intensiven Suche nach etwas bestand, von dem ich nicht wußte, was es war. Meist waren es Dinge wie Gesundheit, Selbstachtung, Geld, materieller Besitz, Prestige, sozialer Status, berufliche Anerkennung, Zukunftssicherung und Freunde, denen ich vertrauen und die ich lieben konnte. Obwohl es mir meist gelang, all dies zu erreichen, stellte sich nie das Glücksgefühl ein, das ich mir von diesen Dingen erwartete.

Es kam mir nie in den Sinn, daß ich vielleicht das falsche Ziel hatte, und, indem ich das Glück außerhalb von mir selbst suchte, auch am falschen Ort suchte. Mir war überhaupt nicht bewußt, daß ich an einem mir selbst auferlegten Zustand seelischer Verarmung litt, daß ich nach Spiritualität hungerte und dürstete. (Ich erkenne heute, daß mein Zustand spiritueller Entbehrung nichts Einmaliges darstellt, sondern daß jeder nach etwas Beständigem und ewig Gültigem in sich selbst sucht.) Ich hatte keine Ahnung, daß die Liebe, die Freude und das innere seelische Gleichgewicht, wonach ich außerhalb von mir selbst suchte, bereits in Hülle und Fülle in mir selbst steckten. Diese Gefühle waren nur durch die Angst, die ich mir selbst auferlegt hatte, blockiert. Es kam mir nie in den Sinn, daß ich vor der Liebe Angst hatte. Ich hatte mir im Gegenteil eingeredet, daß ich es nicht wert war, geliebt zu werden, und daß ich dazu verdammt war, allein und isoliert zu leben.

Meine Sichtweise der Welt gegenüber änderte sich im Jahr 1975. Bis dahin verstand ich mich als militanter Atheist, dem es als letztes in den Sinn kommen würde, sich auf einen spirituellen Pfad, der zu Gott führt, zu begeben. In diesem Jahr stieß ich auf ein dreibändiges Werk mit dem Titel »Kurs in Wundern«*, einem Kurs zum Selbststudium der spirituellen Transformation.

Sofort regte sich in mir Widerstand. Ich mochte den Titel nicht und ich empfand sowohl Umfang wie Gewicht der Bücher (sie wogen drei Pfund) als abschreckend und bedrohlich. Trotzdem hatte ich, nachdem ich nur eine Seite gelesen hatte, ein plötzliches, dramatisches Erlebnis. In mir stieg mit einem Male eine Erinnerung an Gott auf, das Gefühl des Einsseins mit allen Menschen auf der Welt und der Glaube daran, daß es meine einzige Bestimmung auf der Welt sei, Gott zu dienen.

Je weiter ich jedoch in die Materie des Kurses eindrang, desto größere Widerstände entwickelte ich – wegen meiner jüdischen Herkunft – gegen seine christliche Terminologie. Da ich die meiste Zeit meines Lebens Atheist gewesen war, störte mich das Wort »Gott« sehr. Die Angst vor dieser geistlichen Terminologie bekämpfte ich dadurch, daß ich dieses Wort in Gedanken mit »höherem Bewußtseinszustand« übersetzte.

Es war für mich ein anhaltend aufregendes Erlebnis, den Schuld- und Angstgefühlen Lebewohl zu sagen, indem ich die Prinzipien des Buches »Kurs in Wundern« auf alle meine Lebensbereiche anzuwenden lernte.

Obwohl ich im ersten Kapitel auf diesen Kurs ausführlich eingehen werde, will ich schon an dieser Stelle sein Grundkonzept darstellen. Eine der Grundannahmen des Kurses ist, daß der Mensch nur zwei Gefühle kennt: Das eine ist Liebe, die unser

---

* »A Course in Miracles« (1975. Foundation for Inner Peace, P.O. Box 635, Tiburon, California 94 920). Die Zitate vor jedem Kapitel und jeder Lektion sind diesem Buch entnommen. Nachdruck nur mit Genehmigung des Verlags.

natürliches Erbe darstellt, und das andere Angst/Schuld, ein Gefühl, das unser Geist erfunden hat. (Sowohl im »Kurs«, als auch in diesem Buch werden »Angst« und »Schuld« als negative Zwillinge gesehen, die sich gegenseitig nähren. Obwohl beide Wörter das ganze Buch hindurch vorkommen, läßt sich doch feststellen, daß zwischen Schuld und Angst eine symbiotische Beziehung herrscht: die eine kann ohne die andere nicht existieren. Schuld verstärkt Angst, genauso wie Angst das Schuldgefühl verstärkt, ein scheinbar ewiger Kreislauf.) Ziel sowohl des Kurses als auch des Buches ist, uns bei der Wahl des Gefühls, das wir erleben möchten, Hilfestellung anzubieten. Statt in jedem Menschen einen potentiellen Angreifer zu sehen, werden wir darin bestärkt, Liebe zu erfahren, indem wir entweder auf den anderen Menschen mit Liebe zugehen oder ihm einen Hilferuf nach Liebe zusenden.

Im Laufe meiner spirituellen Reise wurde mir immer klarer, daß es verschiedene Pfade zu Gott gibt, und der »Kurs in Wundern« ist der Weg, den ich mir ausgesucht habe, um zu einer geistigen Reife zu gelangen. Obwohl seine Prinzipien betonen, daß Liebe und Vergebung allumfassende Kräfte sind, heißt das nicht, daß dieser Kurs für alle den richtigen Weg darstellt.

Die drei Schlüsselkonzepte dieses Buches – und des Kurses, auf dem es ja aufbaut – sind, daß gestörte Beziehungen geheilt werden können,

1. wenn wir durch Vergebung Schuld- und Angstgefühle loslassen,

2. wenn unser einziges Ziel ist, inneren Frieden zu finden und

3. wenn wir lernen, auf unsere innere Stimme als die entscheidende Richtschnur unseres Handelns zu hören.

Seit ich mich 1975 auf den Weg der Spiritualität begeben habe, werde ich häufig gefragt, in welcher Weise ich mich heute von der Person von damals unterscheide. Dies darzustellen ist nicht leicht für mich, ohne die Zerrbilder meines Egos erneut zu verstärken. Ein entscheidender Unterschied zu damals jedoch ist, daß – obwohl ich immer noch wütend und deprimiert werde und mich immer noch Gefühle der Sinnlosigkeit und Hoffnungslosigkeit überkommen – ich diesen Gefühlen nicht mehr so grenzenlos nachhänge. Ich ergreife nun häufiger und schneller Verantwortung für das, was ich sehe und erlebe, und nehme das Leiden und den Schmerz nicht länger als unveränderliche Größen in meinem Leben hin.

Das größte Hindernis, das sich mir in den Weg stellt – und das geht den meisten Leuten so, die spirituell bewußter werden – ist mein Ego selbst. Es will kontrollieren, vorausbestimmen und manipulieren. Es will sich nicht selbst aufgeben, sieht im Frieden Gottes seinen Feind und im Streit seinen Freund.

Ich verspüre jedoch immer größere Zufriedenheit darin, einfach zu *sein* und nicht andauernd mein Verhalten und das der anderen zu interpretieren. Mehr und mehr setzte ich mir zum Ziel, mit den Menschen, denen ich begegne, eine Verbindung einzugehen. Und mehr und mehr erkenne ich die Wichtigkeit der inneren Ruhe: mich auf die Stimme der Liebe in mir zu konzentrieren und den Frieden und die Liebe Gottes zu spüren.

Ich bin nun eher bereit, Frieden statt Streit zu suchen. Wenn ich diese Prinzipien vergesse und vom Weg abkomme, ist es für mich hilfreich, mein Ego mit alten Fernsehsendungen zu vergleichen, die zum wiederholten Male ausgestrahlt werden. Wir haben sie schon oft gesehen, wir wissen, wie sie beginnen und wie sie enden, und doch versucht unser Ego die Illusion zu schaffen, daß sie ganz neu sind.

Diese »Sendungen« zeigen häufig Geschichten von unerfüllten Bedürfnissen in der Vergangenheit und Wunschphantasien für die Zukunft. Sie halten uns mit Gedanken an die Vergangenheit und an die Zukunft dermaßen in Bann, daß wir nicht in der Lage sind, aus unserem Schlaf- und Traumzustand zu erwachen und die Freuden des momentanen Augenblicks zu erleben.

Das »Drehbuch« wird von unserem Ego geschrieben und produziert; das Ego führt Regie und spielt schließlich auch die Hauptrolle; und dann setzt es sich von all diesen Rollen ab. Szenen, in denen Mord, Überfälle und alle Arten von Gewalt vorkommen, erscheinen auf dem Bildschirm, doch unser Ego macht uns glauben, daß wir nur die passiven Beobachter und nicht die Autoren dieser Gewaltszenen sind.

Wollen wir gestörte Beziehungen heilen, bedeutet dies zu lernen, die Horrorfilme in unserem Kopf, die ja so echt wirken, abzuschalten. In diesem Buch will ich mit Ihnen das teilen, was ich auf meinem Weg zur Spiritualität gelernt habe, und Sie mit den Menschen bekannt machen, die ich dabei getroffen habe und die zu meinen Lehrern wurden.

Teil I behandelt die grundlegenden spirituellen Prinzipien, die wir für eine neue Sichtweise der Welt verwenden können. Teil II handelt davon, wie wir diese »Lektionen« anwenden können. Er enthält einfache Erörterungen zu den Prinzipien und ein oder mehrere Beispiele der praktischen Anwendung.

Erinnern wir uns und andere daran, daß wir durch Vergebung all unsere Schuld, unsere Angstgefühle und unser Gefühl der Isoliertheit auslöschen können und daß so unsere Beziehungen geheilt werden können. Und wenn wir uns in diesem Buch und im Leben gemeinsam auf die Reise machen, bestärken wir uns gegenseitig darin, der Schuld Lebewohl zu sagen, Gottes Liebe zu erkennen und unseren natürlichen Glückszustand wiederzufinden. Und gestehen wir uns ein, daß wir alle – uns selbst und anderen – Liebe schenken können.

1 Überblick

Die Schuldlosen haben keine Angst, denn sie sind geborgen und erkennen ihre Geborgenheit.

An den Beginn meiner Ausführungen würde ich gerne einen kurzen Überblick über die philosophischen Inhalte des »Kurses in Wundern« stellen, dem Buch, auf dem meine Gedanken basieren. Der »Kurs in Wundern« ist eine Anleitung zum Selbststudium personaler und spiritueller Transformation. Der »Kurs« betont die Notwendigkeit, uns mehr auf unseren eigenen, inneren Lehrer zu verlassen, anstatt nach Lehrern außerhalb unseres Selbst zu suchen. Er besteht aus einem Text, in dem das Gedankengebäude dieser Philosophie ausführlich dargestellt wird; der zweite Teil ist ein Arbeitsbuch für Lernende, das 365 Lektionen (für jeden Tag des Jahres eine) umfaßt und darauf zugeschnitten ist, die Prinzipien des »Kurses« auf das tägliche Leben praktisch anwenden zu lernen; der dritte Teil ist ein Handbuch für Lehrer, in Frage- und Antwortform abgefaßt, das zur Klärung bestimmter, im Kurs auftretender Fragestellungen und Problemkreise dienen soll.

Der »Kurs« versteht sich als spiritueller Lehrer, nicht als Religion. Er gebraucht die christliche Sprache, ist aber im Grunde ökumenisch. Er stellt fest, daß »eine universelle Theologie unmöglich ist; eine universelle Erfahrung dagegen ist nicht nur möglich, sondern notwendig«. Die Betonung liegt auf der praktischen Anwendung: Nachdem die Lernenden den »Kurs« absolviert haben, sollten sie seine Prinzipien des Vergebens und des Gebens von Liebe im täglichen Leben praktizieren und »vorleben«.

Das Ziel des »Kurses« ist, sich von der Welt des Egos, unserem Körper/Persönlichkeits-Selbst, zu lösen und sich der Welt der Liebe zu öffnen. Sind wir einmal in die Welt des Egos, d. h. die Welt der reinen äußeren Wahrnehmung, verstrickt, so ist das so, als wären wir in eine »Traumfalle« geraten. Uns muß geholfen werden, um aus diesem Traum zu erwachen, denn, was unsere Sinne uns mitteilen, verstärkt nur unseren Glauben an die Wirklichkeit dieses Traums. Der »Kurs« macht deutlich: Solange wir uns mit unserem Ego, unserem Körper/Persönlichkeits-Selbst identifizieren und glauben, daß die Grenzen unserer Wahrnehmung der physischen Welt unsere wirklichen Grenzen sind, können wir unsere wahre Wirklichkeit, nämlich unser spirituelles Selbst, gar nicht erleben.

Solange wir nicht die Wirklichkeit unseres Egos in Frage stellen können, werden wir weiterhin ein Leben führen, das mehr mit dem Nehmen als mit dem Geben zu tun hat; wir werden uns weiterhin schuldig, isoliert und voller Angst fühlen. Wir werden vernichtende Urteile fällen und andauernd uns und anderen die Schuld geben. Akzeptieren wir das Ego als unseren Führer, werden Schuld und Angst unsere ständigen Begleiter sein; der Konflikt wird nie ganz verschwinden, die Zerstörung unserer »Wirklichkeit« durch Krankheit und Tod ist die logische Konsequenz.

Wenn wir gewillt sind, uns von unserem Ego zu lösen, ist auch eine Korrektur unserer Wahrnehmung möglich. Die Welt einer neuen, korrigierten Wahrnehmung ist die Welt der Liebe. Man kann diese Welt durch die spirituelle Vision erkennen, die Vision der Liebe; sie ist dann nicht mehr ein Zerrbild unseres Egos.

Dieses Zerrbild ist wie eine Wolke, die die Sonne verdeckt: Schuld und Angst, die wir in uns tragen, verstellen uns die Sichtmöglichkeit, die Existenz der Liebe, die uns nie verlassen hat, zu erkennen. Wir sind alle Wundergeschöpfe der Liebe, doch wir sind dieser Wahrheit gegenüber blind. Unter Wunder verstehe ich eine veränderte Betrachtungsweise, die unsere Angst- und Schuldgefühle beseitigt und unser Bewußtsein für die Existenz der Liebe – unserer einzigen Wirklichkeit – öffnet.

Lassen Sie mich einige Zitate aus dem »Kurs«, die Grundthemen der Philosophie dieses Buches, an dieser Stelle anführen:

»Wenn du dich schuldig fühlst, hat dein Ego das Sagen, denn nur das Ego weiß, was Schuld ist.«

»Angst entsteht nur in deinem Geist.«

»Nur meine eigenen Gedanken verletzen mich wirklich.«

»Liebe kennt keinen Zorn.«

»Ich werde mich heute nicht vor der Liebe fürchten.«

»Liebe und Schuld können nicht zusammen auftreten; wenn man eines von beiden akzeptiert, muß man das andere ablehnen.«

»Sich selbst zu lieben, bedeutet, sich selbst zu heilen.«

»Jede Heilung bedeutet ein Loslassen von der Vergangenheit.«

»Vergebung als ›Licht der Welt‹ ist mein Lebenssinn.«

»Nur die Verdammung meiner selbst verletzt mich. Nur die Vergebung meiner selbst befreit mich.«

»Vergebung beendet jeden Streit sofort.«

Die Heilung von Einstellungen

Da der »Kurs« eine solch dramatische Wirkung auf mein Leben hatte, beschloß ich, seine Prinzipien auf die Arbeit mit schwerkranken Kindern anzuwenden. Im Jahr 1975 brachte mein innerer Führer mich dazu, beim Aufbau des »Zentrums für Heilung von Einstellungen«* mitzuhelfen, ein Projekt, das sich diese Arbeit zur Aufgabe gestellt hatte.

Zu der Zeit, als ich bei der Gründung des Zentrums mithalf, setzte ich noch den Tod meines Körpers mit dem Ende des Lebens gleich, und die Unvermeidbarkeit meines eigenen Todes machte mir fürchterlich zu schaffen. Durch die Arbeit mit den Kindern und Erwachsenen, die den Tod vor Augen hatten, und dadurch, daß ich sie und ihre Familien als meine Lehrer akzeptierte, ergab sich für mich eine herrliche Gelegenheit, meine eigene Einstellung gegenüber dem Tod zu heilen.

Zusätzlich zu den Gruppen mit schwerkranken Kindern und Erwachsenen starteten wir erst kürzlich ein Projekt für Kinder,

---

* The Center for Attitudinal Healing. Der »Kurs« selbst wird am Zentrum nicht gelehrt. Es ist auch keiner am Zentrum dazu verpflichtet, ihn zu studieren. Jedoch wird erwartet, daß die Mitarbeiter die Prinzipien der Heilung von Einstellungen – Prinzipien, die universelle, nichtsektiererische, spirituelle Wahrheiten verkörpern – akzeptieren und weitergeben.

deren Eltern durch Krankheit vom Tod bedroht sind. Ich will jedoch betonen, daß die Arbeit des Zentrums sich nicht auf jene Personen beschränkt, die an einer lebensbedrohenden Krankheit leiden. Wir veranstalten auch Gruppen, in denen die Menschen zwei Dinge lernen können: im Gespräch miteinander ihre Verurteilungen aufzugeben und Vergebung zu üben. Das Konzept des Zentrums hat breite praktische Anwendungsmöglichkeiten. So wurden wir schon von den verschiedensten Einrichtungen gebeten, die Prinzipien der Heilung von Einstellungen vorzustellen, z. B. von Seniorenheimen, medizinischen Institutionen, Erziehungsstellen wie von staatlichen und privaten Beratungsstellen.

Unser Zentrum bietet keine Behandlung an; es ist eine Erziehungs- und Beratungsstelle, die sich als zusätzliche, das medizinische Modell erweiternde Einrichtung versteht. Unsere Definition von Gesundheit heißt innerer Friede, und Heilung bedeutet für uns, die Angst zu verlieren. Wir glauben nicht, daß andere Menschen oder äußere Umstände daran schuld sind, daß wir aus dem Gleichgewicht gebracht werden. Es sind eher unsere eigenen Gedanken und Einstellungen, die wir den Menschen oder den Umständen entgegenbringen, die in uns Streit und Kummer verursachen.

»Heilung von Einstellungen« bedeutet, unsere früheren Gedanken, die nur um die Schuld, die Angst und um gegenseitige Verurteilung kreisten, aufzugeben. Bei der Heilung von Einstellungen geht es nur um die Veränderung unserer eigenen Gedankenwelt; an der Veränderung anderer Menschen oder äußerer Umstände ist sie nicht interessiert.

Wir bemühen uns sehr darum, im Zentrum eine Atmosphäre zu schaffen, die von bedingungsloser Liebe erfüllt ist und in der es möglich wird, im anderen mehr die Liebe zu erkennen, als nach Fehlern zu suchen. Wir glauben daran, daß Geben und Empfangen dasselbe ist und daß wir uns daher selbst helfen, wenn wir anderen helfen. Jede Trennung ist aufgehoben, unser aller Geist ist vereint. Wir glauben, daß der gegenwärtige Augenblick die einzige Zeit ist, die es gibt, und daß es nur darum geht, Liebe zu geben und alle negativen Gedanken aus der Vergangenheit aufzugeben. In unserem Zentrum ist jeder beides zugleich – Lehrer und Lernender.

Es gibt zur Zeit etwa fünfunddreißig solcher Zentren in den Vereinigten Staaten von Amerika und in anderen Teilen der Welt. Das vielleicht größte Geschenk, das wir besitzen und das gleichzeitig auch die Grundlage für die Heilung von Einstellungen darstellt, ist dies: Uns ist die Kraft der Erkenntnis gegeben worden, die Gedanken unseres Geistes frei wählen zu können. Das bedeutet, daß wir durch die Veränderung unserer Gedanken auch unsere Erlebnis- und Erfahrungswelt verändern können.

Wir müssen nicht todkrank sein, um zu lernen, diese Prinzipien auf unser tägliches Leben anzuwenden. Jeder von uns hat Beziehungen, die geheilt werden müssen. Wir können uns aber erst aus den Fängen der Vergangenheit befreien, wenn wir uns der grenzenlosen Liebe, die in uns steckt, bewußt werden. Es sind nämlich die Fesseln der Vergangenheit und das Festhalten an alten Angst- und Schuldgefühlen, die nicht nur unsere persönlichen Schwierigkeiten, sondern auch die weltweiten Konflikte verursachen. Wie leicht verstricken wir uns alle in äußerliche und selbstgefällige Probleme unseres Lebens und vergessen dabei, daß der *Frieden* wahrlich Thema Nummer Eins in unserem Leben ist.

Die Prämisse dieses Buches ist, daß, um Beziehungen heilen zu können, wir zuerst gewillt sein müssen, Frieden in uns selbst zu finden, und daß wir dann diesen Frieden an andere weitergeben können. Wenn jeder von uns die Heilung von Beziehungen durch Liebe und Vergebung zum wichtigsten Thema seines Lebens macht, wird der Friede auf der Welt keine Utopie mehr bleiben.

2 Was ich früher einmal glaubte

> Nur durch die Schuld sind wir mit unserer Vergangenheit verbunden.

Früher glaubte ich, die Welt sei nur dazu da, mir überall aufzulauern, um mich »um die Ecke zu bringen«. Für meine Eltern mußte alles »schnell-schnell« gehen, ganz gleich, was ich gerade tat. Als Erwachsener behielt ich diese Geschwindigkeit bei; ich war mir nur nicht im klaren, ob ich vor etwas weg- oder auf etwas zu-lief.

Wenn ich auf mein Leben zurückschaue, so bin ich fest davon überzeugt, daß ich die meiste Zeit entweder mit mir selbst auf Kriegsfuß stand oder versuchte, vor mir selbst davonzulaufen. Als Kind war ich ungeschickt, hyperaktiv und hatte enorme Probleme, Lesen und Schreiben zu lernen. In punkto Schule konnte ich weder meine Lehrer noch meine Eltern zufriedenstellen, ich fühlte mich immer als Versager. Meine Persönlichkeit strahlte nur eine Botschaft aus: »Was ich anfange, mache ich verkehrt.« In einer Welt, in der die Liebe, die du bekommst, davon abhängt, wie gut du etwas zu leisten imstande bist, bedeutete das für mich, daß ich nicht liebenswert war; und daß es unwahrscheinlich war, daß ich jemals geliebt werden würde.

Ich machte jedoch die Entdeckung, daß ich es anderen recht machen konnte, wenn ich schuldig wurde. Je mehr Schuld ich mir auflud, desto lieber war es ihnen. Schuldig zu sein wurde der Weg zur Beliebtheit. Konsequenterweise wurde ich so zu einem ganzen Arsenal von Schuldgefühlen, das immer größer wurde, bis es eine Dimension annahm, die meine Vorstellungskraft bei weitem überstieg.

Da ich glaubte, ein Mensch zweiter Klasse zu sein, strebte ich danach, ein erstklassiger Pessimist zu sein – das war zumindest etwas, worüber ich Kontrolle zu haben schien. Ich beschloß, die negativen Erwartungen, die andere in mich setzten, zu erfüllen, indem ich Dinge tat, die mich ins Unrecht setzten, nur damit ich es den anderen recht machte. Ich empfand ein merkwürdiges Gefühl von Stärke, endlich einmal etwas »Rechtes« zu tun. Obwohl ich damit nicht erreichte, daß mich die Menschen liebten, so wurde ich dafür Experte darin, wie man Menschen zornig macht. Indem ich Zorn provozierte, bestärkte ich mich selbst in dem Glauben, etwas unter Kontrolle zu haben. Ich gewann also Stärke dadurch, daß ich auf überzeugende Weise zu demonstrieren verstand, was für ein unwertes und ungeliebtes Wesen ich war.

Ich erlebte die Welt als einen riskanten Ort, in dem zu jeder Zeit die Gefahr bestand, daß ich angegriffen wurde. Dieser Angstkomplex blieb mir auch als Erwachsener. Die meiste Zeit meines erwachsenen Lebens war ich von der Angst erfüllt, angegriffen, zurückgestoßen und nicht geliebt zu werden.

Daneben entwickelte ich noch jede Menge anderer Ängste: Angst vor dem Tod, Angst vor dem Leben, Angst vor der Liebe, Angst davor, Spaß zu haben und glücklich zu sein, Angst vor Erfolg, Angst vor Mißerfolg, Angst vor Nähe in jeder Beziehung und die Angst, mir selbst und anderen nicht zu trauen. Dazu erwarb ich noch einige Phobien, wie z. B. die Höhenangst und die Angst vor Wasser.

Ich lernte, eine Vielzahl von Verkleidungen zu tragen, um meine wahren Gefühle zu verbergen. Diese Verkleidungen benutzte ich entweder dazu, Menschen nicht zu nahe an mich herankommen zu lassen, oder dazu, andere manipulieren und kontrollieren zu können, selbst dann, wenn dies klar meinem eigenen Wohlbefinden zuwiderlief. Ich hatte Angst davor, zerstört zu werden, wenn ich meine Masken fallen lassen und den Leuten zeigen würde, wer ich in Wirklichkeit war. Daraus resultierte ein starkes Konkurrenzverhalten meinerseits; ich ackerte schwer, um immer mehr zu bekommen, lebte aber in der ständigen Angst, das zu verlieren, was ich bereits hatte.

So flößte mir die Welt immer mehr Furcht ein. Verzweifelt klammerte ich mich an die Hoffnung, wenigstens momentane Glücksgefühle zu erleben, um die nicht enden wollenden Stunden, in denen ich mich unsicher und verzweifelt fühlte, zu durchbrechen. Obwohl ich mich, so gut ich konnte, der Welt anpaßte, hatte ich immer das Gefühl, das Schlimmste stände noch aus. Ich befand mich in einer ständigen Konfliktsituation: Einerseits fürchtete ich den Tod, andererseits wünschte ich mir, daß er käme und mich erlöste.

Damals dachte ich, meine Gefühle wären einzigartig. Heute bin ich davon überzeugt, daß jeder – zu einem bestimmten Grad – diese Gedanken kennt. Nur deren Ausprägung und Intensität mögen bei jedem von uns verschieden sein.

Was ich eben beschrieben habe, stellt eine Welt dar, die auf der Grundlage von Angst und Schuld aufgebaut ist. Es ist eine deprimierende Welt. Wir glauben ständig, daß uns früher oder später etwas Fürchterliches zustoßen muß und daß sich die unglücklichen Erfahrungen der Vergangenheit in der Zukunft wiederholen werden. In dieser Welt sind die Beziehungen gestört und meist nur von kurzer Dauer, und die einzige Form, wie wir mit diesen gestörten Beziehungen umgehen, ist, daß wir uns aus dem Staub machen. Diese Welt glaubt an Verurteilungen, Bestrafung und kennt keine Vergebung: In dieser Welt sind nur die anderen schuld an unseren Problemen.

Diese Welt ist aus dem Gleichgewicht geraten, sie ist sterbenskrank vor fehlender Liebe. Mit einem Gefühl der Hilflosigkeit treiben wir ihrem Ende durch Zerstörung entgegen. Für diese Welt ist stabiler Friede ein Fremdwort. Im Gegenteil: Wir leben mit dem bedrohlichen Wissen, daß nur eine Person einen Knopf zu drücken braucht, um uns alle auszulöschen.

Was ich einmal glaubte, erschien mir sehr wirklich, und es schien auch keine andere Betrachtungsweise der Welt zu existieren. Erst als ich mich auf dem spirituellen Weg befand, begann ich – wie viele andere vor mir – die Möglichkeit ins Auge zu fassen, daß es zwei Betrachtungsweisen der Welt gibt und daß jede ein unterschiedliches Glaubensgebäude besitzt. Diese Glaubens- oder Gedankengebäude basieren auf verschiedenen Betrachtungsweisen von Ursache und Wirkung, Wahrheit und Illusion, Leben und Tod.

Das allgemein übliche Gedankengebäude ist das des Egos. Seine

Fundamente sind Trennung, Schuld, Angst, Angriff und gestörte Beziehungen. Es ist eine Welt der »Mißverständnisse«.

Das andere Gedankengebäude ist das der Liebe. Seine Grundpfeiler sind: die Welt als eins zu begreifen, bedingungslose Liebe, Friede und Glück. In dieser Welt können Beziehungen geheilt werden. Sie basiert auf Gottes Liebe, und Vergebung ist der Schlüsselbegriff.

Sieht man die Dinge oberflächlich, so mag man versucht sein, das Glaubensgebäude der Liebe als simples Luftschloß abzutun.

Das Glaubensgebäude des Egos jedoch erscheint den meisten von uns als ein verläßlicher Ratgeber, der weiß, wie es in unserer Welt wirklich zugeht. Die meisten von uns fühlen uns von jedem Vorschlag bedroht, der uns rät, unser Glaubenssystem zu verändern, und wir tun alles, um uns einer Veränderung zu widersetzen.

Ich will einen Vorschlag machen. Bevor du nun die nächsten vier Kapitel liest, in denen diese zwei Glaubensgebäude gegenübergestellt werden, gönne deinem Geist ein paar Minuten der Ruhe. Versuche, alle Dinge loszulassen, von denen du glaubst, du wüßtest über sie Bescheid. Versuche alle Gedanken darüber aufzugeben, was wirklich ist und was nicht, wer du bist und was du hier machst, und mach dich von allen Werten frei, die dir von Herzen wichtig sind, seien sie nun gut oder schlecht. Verspürst du jetzt ein wenig die Bereitschaft und die Offenheit dazu, eine andere Möglichkeit in Betracht zu ziehen? Die Möglichkeit vielleicht, daß die Art, wie wir die Welt betrachten, nur ein Traum ist, den wir uns ausgedacht haben, um die Erinnerung an die Liebe und an einen gütigen Gott aus unserem Gedächtnis zu tilgen.

3 Es Geht Ohne – das Ego und sein Glaubensgebäude

> Denn das Ego glaubt wirklich daran, daß es es zu etwas bringt, indem es sich schuldig macht.

Stellen wir folgende Überlegung an: Wir haben das Glaubensgebäude des Egos, das auf Angst und Schuld aufgebaut ist, selbst erfunden. Es ist aus dem fälschlichen Glauben heraus entstanden, daß wir uns von Gott getrennt haben. Das Ego ist das Symbol für unseren Glauben an diese Trennung. Obwohl eine Trennung von Gott offensichtlich unmöglich ist, glauben wir – durch die Augen unseres Egos betrachtet – doch, daß es wahr ist und daß Gott deswegen alles daran setzt, uns wegen dieses Fehlglaubens zu bestrafen.

Der Sinn dieses Gedankengebäudes liegt darin, die Erinnerung an Gott aus unserem Bewußtsein zu tilgen, indem wir unsere Angst- und Schuldgefühle verstärken. Dies kann es nur erreichen, wenn es die Wirklichkeit der Liebe zerstört und an deren Stelle die Illusion der Schuld stellt. Da das Gegenteil von Liebe Furcht ist, hängt die Existenz unseres Egos von unserem fortwährenden Glauben an die Wirklichkeit von Schuld und Bestrafung und der Akzeptanz seiner Konfliktziele – Krieg und Tod – ab.

Das Ego contra Gott

Die Einstellung unseres Egos gegenüber Gott ist unbeständig. Zu manchen Zeiten betrachtet es Gott als übernatürliches, außerhalb unseres Vorstellungsvermögens beheimatetes Wesen, das uns liebt und belohnt, wenn wir gut sind, und uns bestraft, wenn wir gesündigt haben. Und dann gibt es Phasen, in denen es sich nicht im klaren darüber ist, ob es überhaupt einen Gott gibt, und manchmal lehnt es die Vorstellung von Gott rundherum ab. Das

Ego fühlt sich von Gott bedroht und setzt alles daran, Gott aus seinem Leben herauszuhalten.

Ein schönes Beispiel für unser ambivalentes Gefühl gegenüber Gott finden wir in Alice Walkers Buch *Die Farbe Lila*. Zwei Frauen unterhalten sich über Gott und eine von ihnen sagt: »Aber es ist nicht leicht, ohne Gott auszukommen. Selbst wenn du weißt, daß es ihn gar nicht gibt – ohne ihn auszukommen ist ein ziemlicher Streß.«

Manchmal denke ich, daß ich – wie viele andere auch – wegen der Verfehlung, die ich vermeintlich begangen habe, mit ständigen Schuldgefühlen und einem Mißtrauen mir selbst und anderen gegenüber durch das Leben gegangen bin, und ich mich dauernd fragte, auf welche Weise mich das Leben wohl als nächstes bestrafen würde. Da viele von uns schmerzvolle Erlebnisse hatten, bei denen wir nicht an eine Lösung durch religiösen Zuspruch und das Vertrauen in Gott glaubten, haben wir uns schließlich von ihm abgewandt.

Das Ego kann als unser Körper/Persönlichkeits- oder auch als niederes Selbst definiert werden. Es ist der Teil unseres Geistes, der sich vom spirituellen Geist, welcher nur Gottes liebende Gedanken enthält, abgetrennt hat. Diese Trennung unseres Geistes kann als Illusion betrachtet werden; im Gegensatz dazu existiert unser wahrer Geist, ein Geist, der von Liebe erfüllt und unteilbar ist.

Das Gedankengebäude des Egos basiert auf Schuld und Angst. Sein Motto ist: »Suche, aber finde nie, wonach du suchst.« Es spricht Verurteilungen aus, ist von den Gedanken an Angriff und Verteidigung ganz in Besitz genommen und beherrscht das Spiel der Täuschung meisterlich. Sein Ziel ist es, alles unter Kontrolle zu bekommen, und es glaubt immer, im Recht zu sein. Es vergeudet seine Energie damit, die Zukunft anhand vergangener Ereignisse voraussagen zu wollen. Es will uns glauben machen, daß unser Körper-/Persönlichkeits-Selbst das zufällige Resultat einer sinn- und zwecklosen Welt ist und daß wir von der Gnade der Ereignisse und Situationen abhängig sind, über die wir keinerlei Kontrolle haben. Die Grundpfeiler dieses Gedankenge-

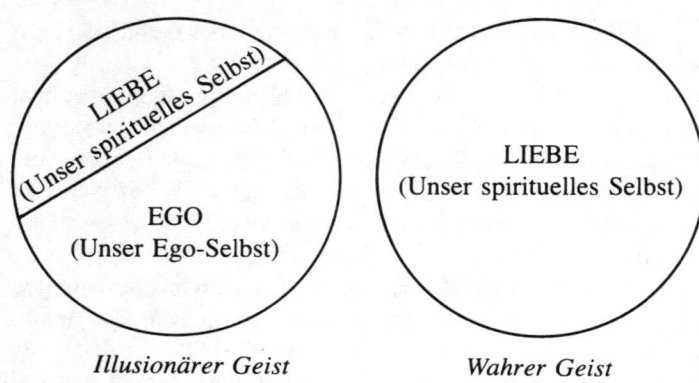

Illusionärer Geist   *Wahrer Geist*

bäudes sind Zweifel und Unsicherheit, Ambiguität und Ambivalenz, seine Charakteristiken sind eher Komplexität und Verworrenheit als Einfachheit.

Die Ego-Welt ist eine Schmerz-Lust-Welt, doch für die meisten von uns bringt sie mehr Schmerz als Lust. Das Ego glaubt, daß die Welt in Stücke fällt, wenn man die Vergangenheit nicht fürchtet und sich über die Zukunft keine Sorgen macht. Trennung ist der zentrale Begriff; an sich selbst zuerst zu denken, nach Besitz zu gieren und daran festzuhalten (so wenig es auch sein mag), Eifersucht und Ablehnung – das sind Kernpunkte dieser Welt. Das Ego ist sich ganz sicher, daß es – und nicht Gott – der Führer und Beherrscher des Universums ist.

Ego-Identifikation

Unsere Identität ist nach der Definition unseres Egos auf die fünf Sinne beschränkt: Hören, Sehen, Tasten, Riechen und Schmekken. Sie basiert auf der Interpretation und Bewertung dessen, was diese Sinne als Feedback an das Gehirn zurückgeben. Diese Identität ist allein auf die Erfahrungen der Vergangenheit ausgelegt, die sich in die Gegenwart hineinziehen und auf die Zukunft projiziert werden.

So wie es das Ego sieht, besteht unsere Identität aus unserem

Körper und dem Persönlichkeits-Selbst. So beschränkt sich also meine Identität als Jerry Jampolsky allein auf meinen Körper, meinen Geist und mein Gehirn, alles säuberlich abgetrennt von anderen Existenzen. Durch die Augen des Egos gesehen ist meine Identität sowohl von der Meinung und der Beurteilung anderer über mich als auch von der Meinung, die ich von mir selbst habe, abhängig. Meine gegenwärtige Identität erscheint nur als Anhängsel der Vergangenheit.

Das folgende Gedicht, das mir kürzlich Saskia Davis zugeschickt hat, beschreibt unsere Identifikation mit dem Ego auf humorvolle Weise:

Das kosmische Kichern

Schau mich nur an,
Ich, der das *Leben* wählte!
Was hab' ich Komisches angestellt!
Ich erschuf mich;
Dachte mir eine menschliche Verpackung aus
Und brachte mich auf diesem
Äußerst merkwürdigen Fleckchen Erde zur Welt
(Die ich, so nebenbei gesagt, auch erschuf).

Da war ich also,
Und was hab' ich getan?
Ich spielte ein Spiel.
Tat so, als hätte ich keine Wahl,
Keine Macht, keinen Willen.
Tat so, als wäre ich schwach
und getrennt von allen anderen Teilen meiner selbst.
Tat so, als hinge ich ab
Von komischen, kleinen Umständen,
Nur eine Serienanfertigung
Für das Spiel, das ich spielte.

Und – das Komischste, was ich tat –
Nun (Hi, hi, hi, ho, ho, ho)
Ich tat so, als ob ich nicht täte als ob.
Das tat ich so fest,
Daß ich mich schließlich ernst nahm.

Dann spielte ich und spielte ich,
Vergaß dabei, wer ich wirklich war.
»Gut« und »Schlecht«, das war mir klar,
Und »recht« und »falsch«
Und »mein« und »dein«.
So führte ich oft Krieg gegen mich selbst.
»Für mich ist nicht genug da«, schrie ich,
»So gib mir, was dein ist«.

Wie wichtig ich mich nahm!
Es schien alles so real.
Keine Macht, keine Wahl, kein Wille,
Nur schwach und allein.
Wie aufregend, dachte ich!

Dann fragte ich mich geheimnisvoll,
Ob vielleicht, nur vielleicht –
Aus purem Zufall –
Ich doch einen kleinen Wunsch hätte –
Und dann zog sich die große Wolke der Mutlosigkeit
Über mir zusammen, als ich merkte, daß es
Natürlich –
Keine Hoffnung gab.

Oh, weh!

Und diese große Angst, die ich hatte
(Wie amüsant, wenn ich zurückblicke!)
Dieses alberne Spiel aufzugeben,
Denn dann, so fürchtete ich, wär's mit mir aus
So dachte ich (Hi, hi, hi, ha, ha, ha)
Ich dachte, von mir wär nichts mehr da!

Saskia Davis

Was das Ego für die Wahrheit hält

Für das Gedankengebäude des Egos verändert sich die Wahrheit ständig, weil sie immer etwas Relatives darstellt. Wahr ist immer das, was gerade die Mehrheit der Leute zu einem bestimmten Zeitpunkt für richtig hält.

Wenn zum Beispiel vor etwa zehn Jahren ein Arzt bei seinem Patienten chronischen Bluthochdruck diagnostiziert hat, erzählte er ihm, daß er den Rest seines Lebens Medikamente gegen Bluthochdruck nehmen müsse. Dies schien eine medizinische Tatsache zu sein, eine Wahrheit, an der es nichts zu deuteln gab.

Mit dem Auftauchen der Biofeedback-Technologie erreichte uns das Wissen, daß wir lernen können, unser autonomes Nervensystem mittels eines elektrischen Feedbacksystems und mentaler Vorstellungskraft zu kontrollieren. Viele Menschen haben herausgefunden, daß sie – mit dem Einverständnis ihres Arztes – auf Medikamente gegen Bluthochdruck verzichten können. Wenn sie erkennen, daß sie ihren Blutdruck selbst senken können, erkennen sie damit gleichzeitig, daß sie bei der Reaktion auf Streßsituationen selbst die Verantwortung übernehmen können. Und sie lernen vielleicht auch, daß es ihre eigene Wahrnehmung und Interpretation des Stresses waren, die die Krankheit in ihren Anfängen verursacht haben.

Diese Beispiele verdeutlichen, wie wechselhaft »Wahrheit« sein kann, wenn sie auf Wahrnehmungen und Interpretationen aufgebaut ist, die sich immer dann, wenn neue Informationen auftauchen, wieder verschieben.

Beziehung, die Bedingungen stellt

Das Ego-Gedankengebäude können wir deutlich in Beziehungen ausmachen, die besonders eng und symbiotisch sind. Diese Beziehungen basieren auf dem Glauben, daß etwas in uns fehlt, was nur andere Menschen ausfüllen können, d. h. wenn wir dieses »Etwas« nicht von ihnen bekommen, wir immer unvollkommen und unglücklich bleiben werden. Solche besonderen Beziehungen sind notwendigerweise auf Schuld und einem Mangel an Vertrauen aufgebaut. Vom Standpunkt des Egos aus existieren andere Menschen nur aus einem Grund, nämlich dem, unsere Bedürfnisse zu befriedigen. Deshalb sind wir unfähig, uns selbst und andere so zu sehen, wie wir und sie wirklich sind.

Die Befriedigung gegenseitiger Bedürfnisse nennt das Ego »Liebe«. Man muß betonen, daß diese Form von »Liebe« immer ausschließt und Bedingungen stellt. Ganz im Gegensatz zur bedingungslosen Liebe, die immer einschließt und auf dem völligen Annehmen seiner selbst und des anderen basiert, ist die »Liebe mit Bedingung« immer auf Qualifikationen, Vorbehalten und Ausgrenzungen begründet. Wenn wir von Liebe sprechen, ist meist diese »Liebe« gemeint. In ihr herrschen immer »Mangel«, Gier und Habenwollen, in ihr wird gehandelt und gefeilscht.

Das Schlüsselwort ist das kleine Wörtchen »wenn«: Ich werde dich lieben, *wenn* du dich so benimmst, wie ich will, *wenn* du in die Schublade kriechst, die ich mir für dich ausgedacht habe. Ich werde dich lieben, *wenn* du bessere Noten mit nach Hause bringst..., *wenn* du rechtzeitig von der Arbeit nach Hause kommst..., *wenn* du an meinen Geburtstag denkst..., *wenn* du mehr Gefühle zeigst und öfters mit mir schläfst..., *wenn* du mit dem Rauchen aufhörst..., *wenn* du abnimmst..., *wenn* du zu nörgeln aufhörst..., wenn, wenn, wenn. Wenn die besagte Person uns das gibt, was wir wollen, oder sich verändert, um unsere Bedürfnisse zu befriedigen, sind wir glücklich. Wenn sie uns das nicht gibt, reagieren wir gereizt und frustriert. Und wenn sich Gereiztheit und Frustration intensivieren, entsteht daraus Haß und Wut.

Beziehungen, die sich auf Liebe, »die Bedingungen stellt«, begründen, sind in Wirklichkeit Haß-Liebe-Beziehungen. Sie basieren darauf, daß wir etwas vom anderen wollen – aus einem falschen Gefühl des Zu-kurz-Kommens und aus dem Glauben, daß der andere etwas hat, was uns fehlt. In diesen Haß-Liebe-Beziehungen werden Schmerz, Angst und Instabilität verstärkt durch Gefühle von Eifersucht, Besitzanspruch und Konkurrenz – alles Merkmale einer »Liebe mit Bedingungen«. Diese Beziehungen schließen immer andere aus. Der Zweck solcher Beziehungen ist, der Liebe Grenzen zu setzen, welche als Ersatz für die alles umfassende Liebe Gottes fungieren.

Meine Freundin, die Schriftstellerin Joan Walsh Anglund, brachte ihre Gedanken über die Liebe, die Bedingungen stellt, in folgendem Gedicht zum Ausdruck:

> Genauso stark, wie wir etwas wollen
>   Vom andern,
> Genauso stark ist auch
>   Unser Leid,
> Denn die Begierde
>   bringt uns das Leid,
> Und die Liebe
>   bringt uns die Freude.

4 Das Ego zieht die Schuld auf sich

> Immer wenn du dich schuldig fühlst, hat dein Ego die Oberhand, denn nur das Ego weiß, was Schuld ist.

Wir können die Tatsache, daß das Ego immer die Schuld sucht, erst dann begreifen, wenn wir das Wesen unserer Wahrnehmung verstehen lernen. Denn so, wie wir die Welt um uns herum betrachten, so reagieren wir auch auf sie. Es ist unsere Wahrnehmung, die uns vorschreibt, was wir sehen. Sie basiert auf den Interpretationen und Bewertungen, die unsere Sinne uns mitteilen. Jeder von uns sieht die Welt anders; dies hängt von unseren individuellen Bedürfnissen, Wünschen, Erlebnissen in der Vergangenheit und gegenwärtigen Anschauungen ab.

Wir glauben vielleicht, daß unsere Wahrnehmungen so etwas wie Fotografien sind, die eine Kamera von Dingen außerhalb von uns selbst gemacht hat. In Wirklichkeit aber sind sie Projektionen von Gedanken, die in unseren eigenen Köpfen entstehen. Da wir immer erst hineinschauen, bevor wir hinausschauen, ist das, was wir sehen, unsere eigene geistige, nach außen gespiegelte Verfassung.

Daß Wahrnehmung uns immer die Wahl läßt (obwohl uns nicht immer bewußt ist, daß wir eine treffen) und keine Tatsache darstellt, beweisen die unterschiedlichen Interpretationen, die verschiedene Menschen von alltäglichen Ereignissen machen. Wenn zum Beispiel zehn Leute einen Unfall beobachten, ist es sehr unwahrscheinlich, daß auch nur zwei von ihnen bei der Beschreibung der Details der Ereignisse übereinstimmen. Da unsere Wahrnehmung fragmentarisch ist, sehen wir nur kleine Stückchen einer jeden Situation, nie die ganze. Was wir für die Wahrheit halten, ist schlicht nur unsere eigene Interpretation und Bewertung dessen, was wir wahrnehmen. Viele der Schwierigkeiten und Auseinandersetzungen, die wir mit anderen Leuten haben, basieren auf der im hohen Maße individualisierten Natur unserer Wahrnehmung.

Wir können auf der Welt nicht leben, ohne Entscheidungen zu treffen. Dazu müssen wir zuhören und uns von einer der beiden Stimmen leiten lassen: der Stimme des Egos, die für unsere wechselhafte Wahrnehmung spricht, oder der Stimme der Liebe – der Stimme Gottes. Unser Ego-Bewußtsein birgt eine Palette mentaler Bilder in sich, die sich alle auf vergangene Wahrnehmungsmuster von Schuld und Angst beziehen. Diese Bilder sind es, die uns vorschreiben, was wir für unsere momentanen Bedürfnisse halten.

Unser Ego betrügt uns in unserem Entscheidungsprozeß: Es macht uns vor, daß wir jeden Tag, basierend auf dem, was im Moment passiert, brandneue Entscheidungen treffen. Seine Stimme sagt: »Ich will, was ich im Moment will.« Auf einer anderen Ebene sagt uns das Ego jedoch: »Paß auf, du bist doch so verletzlich; all die schmerzvollen Erfahrungen der Vergangenheit werden sich wiederholen.«

Wenn wir dieser Stimme Glauben schenken, sind unsere Entscheidungen häufig auf den Urteilen und Interpretationen vergangener Erfahrungen begründet. Unser Ego erzählt uns, daß wir, um zu überleben, nach der Schuld bei anderen und bei uns selbst suchen müssen, so daß diese andauernde Beschäftigung mit dem, wer Schuld hat und wer unschuldig ist, zur Grundlage unserer Entscheidungsprozesse wird.

Diese Anziehungskraft, die die Schuld auf das Ego ausübt, produziert eine ebenso große Angst vor der Liebe, da Liebe und Angst unmöglich zusammen existieren können. Die dauernde Suche nach Schuld als der Grundlage für Entscheidungsprozesse verstärkt unsere Angst vor der Liebe und bewirkt, daß wir ihr aus dem Weg gehen. Mit unserem Ego-Bewußtsein als Steuerungsautomat, der andauernd die Vergangenheit auf die Gegenwart stülpt, ist es nicht verwunderlich, daß unsere Probleme einer wirklichen Veränderung widerstehen.

Projektion

Wenn wir andere durch die Augen der Schuld wahrnehmen, projizieren wir. Projektion nennt man den Mechanismus, mit dem wir uns vor Verantwortung drücken, indem wir einen Gedanken oder ein Gefühl, das wir erleben – zum Beispiel Schuld – externalisieren, d. h. jemand anderen dafür verantwortlich machen. Dieser »Jemand« kann unser Lebensgefährte, Geschäftspartner, Vater oder Mutter, Kind, Präsident, Finanzbeamter oder jeder andere sein, der in unserem Leben eine Rolle zu spielen scheint. Würden sich jene Menschen – so glauben wir – nur ein wenig anders verhalten, dann hätten wir nicht die Schwierigkeiten, die sich uns jetzt stellen.

Ich erinnere mich zum Beispiel daran, daß ich meinen beiden Söhnen, als sie in die Volksschule gingen, immer versuchte, wegen ihrer unaufgeräumten Zimmer ein schlechtes Gewissen zu machen. Ich versuchte – übrigens ohne Erfolg –, sie sich schuldig fühlen zu lassen, um sie dazu zu motivieren, ihr Verhalten zu ändern. Rückblickend wird mir klar, daß ich meine eigenen Schuldgefühle darüber, daß mein eigenes Büro sich in einem chaotischen Zustand befand, unterdrückte und das Problem auf meine Söhne projizierte. Eigene Probleme zu projizieren, löst nie ein Problem; es ist nur ein »Recycling« von Schuld.

Schuld

Schuld ist das Gefühl der Selbstverurteilung, das wir empfinden, nachdem wir etwas getan haben, das unserer Meinung nach falsch war. Schuldgefühle ohne den Vorgeschmack der Bestrafung von uns selbst, oder, wenn die Schuld projiziert wird, von anderen, gibt es nicht. Die Quelle unserer Schuldgefühle ist immer, auch wenn uns das nicht bewußt sein mag, der Glaube, daß wir »gesündigt« haben, und die Angst davor, daß Gott uns für unsere Unwürdigkeit bestrafen wird.

Schuld und Angst können nicht gleichzeitig mit Liebe existieren.

Wenn wir an diesen negativen Gefühlen festhalten, bleibt uns der Weg versperrt, den Frieden und die Gegenwart Gottes zu spüren.

Es ist eine psychologische Tatsache, daß, wenn wir an der Schuld festhalten, die Problemlösung entweder in einer Selbstaggression besteht (häufig treten dann Symptome von Depression oder körperlicher Krankheit auf) oder darin, daß wir die Schuld auf jemand anderen projizieren. Das Ego versucht, vor uns zu verbergen, daß, wenn wir Verantwortung für unsere Fehler übernehmen, sie nicht länger Schuld und Bestrafung nach sich ziehen müssen, sondern daß wir uns durch eine Korrektur der Fehler eher befreien. Wenn wir zum Beispiel das Gefühl haben, daß wir jemanden verletzt haben, können wir unseren Fehler wieder korrigieren, indem wir uns sofort entschuldigen. Wenn wir aber an der Schuld festhalten, hält das Ego uns in der »Vergangenheitsfalle« fest, indem wir uns selbst und anderen den Schwarzen Peter zuschieben.

Das Spiel »Wer ist schuldig und wer ist unschuldig«

Das Spiel »Wer hat die Schuld und wer ist unschuldig« findet in den meisten Ehen, aber auch in anderen Beziehungen statt. Eine Person wirft ihrem Lebensgefährten, Partner, Kollegen oder Freund die »heiße Kartoffel« zu. Der andere hat entweder die Möglichkeit, sie zu fangen und zu behalten, oder sie zurückzuwerfen. In den meisten Fällen wirft er sie zurück, und das sind auch schon die Spielregeln des Spiels »Wer ist schuld und wer ist nicht schuld«. Die einzige Möglichkeit, daß beide gewinnen, ist, mit dem Spiel aufzuhören. Erst wenn wir die »heiße Kartoffel« der Schuld nicht mehr länger festhalten und gewillt sind, sie fallenzulassen, gibt es wieder Platz für die Liebe.

Vor ein paar Wochen hatte ich ein Gespräch mit einem engen Freund, in dem mir die unguten Momente aus der Vergangenheit, in denen ich in Schuldgefühle verstrickt war, wieder vor Augen geführt wurden. Die nächsten vierundzwanzig Stunden war ich derart von diesen Gefühlen überwältigt und paralysiert, als sei ich unter Drogeneinfluß geraten.

Die Wirkung von Schuld ist tatsächlich so, als hätte man zu viele Schlaf- oder Schmerztabletten zu sich genommen, zuviel Alkohol getrunken oder zuviel in der Sonne gelegen. Ich fühlte mich so, als ob sich mein Gehirn und mein Körper nicht mehr rühren könnten, ich war wie in einer Rüstung oder einer Gefängniszelle eingesperrt, ohne Hoffnung auf ein Entkommen.

In Schuldgefühle verstrickt zu sein und an ihnen festzuhalten
- gibt uns das ständige Gefühl, angegriffen zu werden;
- rechtfertigt unsere Haßgefühle gegen uns selbst und gegen andere;
- zerstört unsere Selbstachtung und unser Selbstbewußtsein;
- gibt uns das Gefühl von Depression, Leere und Schalheit;
- zerstört unser Gefühl für Frieden;
- gibt uns das Gefühl, nicht geliebt zu werden.

Ohne Übertreibung kann man sagen, daß die Schuld einem selbstgebrauten Gift gleicht, das wir uns ständig selbst verabreichen. Sie ist das wirkungsvollste Instrument, das unser Ego besitzt, um uns glauben zu machen, wir wären hoffnungslos in die Vergangenheit verstrickt, und die Gegenwart böte keine Chance, um uns daraus zu befreien. Es gibt nur ein bekanntes Gegenmittel für Schuld: vollständige Vergebung. Wir fangen bei uns selbst an und geben sie an jeden weiter, der die Welt mit uns teilt.

Vergebung

Gegenüber der Vergebung hat das Ego ein gespaltenes Verhältnis. Es rät uns: »Vergib, aber vergiß nicht.« Es sendet wirklich eine Doppelbotschaft aus: »Vergib nicht vollständig, vergiß die Vergangenheit nicht, sonst machst du dich verletzbar.« Der mangelnde Wille zur Vergebung ist der »Treibstoff« des Egos. Es braucht die ständige Verurteilung, da sein Überleben vom Glauben an die Realität der Schuld – und nicht die der Vergebung – abhängt.

Das Ego praktiziert eine Art »Pseudo-Vergebung«. In der Quintessenz heißt das: »Ich kann dir vergeben, weil ich dir überlegen bin. Deshalb schlucke ich meine Wut dir gegenüber lieber herunter und verdränge den Wunsch, dich umzubringen; das ist es aber eigentlich, was du verdienst.« Diese Pseudo-Vergebung verstärkt aber nur die Schuld, denn sie sendet eine Doppelbotschaft aus, die die Zerrissenheit zwischen den »Schuldigen« und den »Unschuldigen« ständig aufrecht erhält.

Die Heilung und die Freiheit, die wir im Gegensatz dazu durch wahre Vergebung erleben, kommt im folgenden Ausschnitt eines Briefes, den ich kürzlich erhielt, recht schön zum Ausdruck:

Wenn ich etwas wirklich annehmen und verzeihen kann, bin ich erlöst und kann es loslassen. Dann kann das, was ich wirklich bin und was ich bisher nur zurückgehalten habe, endlich herausfließen: *das* ist die Liebe. Sie ist die Erfahrung des Vollkommenen, des Einsseins, des Ganzen. Sie heilt das schmerzliche Gefühl, getrennt, einsam und verloren zu sein. Sie macht mich neu und ganz, ich werde eins mit mir selbst.
Ich befinde mich, glaube ich, immer dann auf dem »Holzweg«, wenn ich fest davon überzeugt bin, daß meine Gedanken, Gefühle oder Erfahrungen DIE WAHRHEIT sind. Dann ist die Sache verfahren; ich renn' ihr entweder hinterher oder vor ihr davon. Diese Aufsplitterung in meinem Kopf trennt mich (zumindest in meiner Vorstellung) vom Einssein und macht mich wirklich krank. Ich muß mich daran erinnern, daß das Ziel das Einssein ist. Ich muß wirklich alles annehmen können, allem vergeben und Liebe schenken und zu allem JA sagen, um dieses vollkommene Gefühl des Ganzen in mir zu erleben.

Träume können uns sehr gut dabei helfen, etwas über unsere eigenen Schuldgefühle in Erfahrung zu bringen. Vor ein paar Jahren hatte ich den folgenden Traum, der mich dazu brachte, einige meiner Schuldgefühle loszulassen.

In diesem Traum war ich ein Riese, der ein Fußballdreß trug und von oben bis unten mit Schlamm beschmutzt war, weil ich vorher auf einem regendurchweichten Platz gespielt hatte. Plötzlich befand ich mich in einem riesigen, dunklen Duschraum, und als ich duschte, begann sich der Schlamm aufzulösen, und ich wurde kleiner und kleiner. Je kleiner ich wurde, desto heller wurde es im Raum. Ich löste mich schließlich in nichts auf und der Raum war mit dem schönsten weißen Licht erfüllt, das ich je gesehen hatte. Da ich mich schon damals sehr intensiv mit der Selbst-Vergebung und dem Loslassen von Schuld beschäftigt hatte, interpretierte ich den Traum folgendermaßen: Der Schlamm symbolisiert die Schuld, das Wasser aus der Dusche die Vergebung und das Licht die Liebe.

Ich habe herausgefunden, daß ich am friedlichsten und glücklichsten bin, wenn ich im Augenblick, mit jedem Gedanken und jedem Atemzug, Vergebung übe. Dieser Versuch zur Wachsamkeit zeigt mir, daß die Vergebung der Schlüssel dafür ist, die Welt mit anderen Augen zu betrachten. Sie ist der Schlüssel zum Glück und sie bietet uns alles, was wir brauchen. Sie ist der Prozeß des Loslassens, der uns von der Vergangenheit erlöst, unsere gestörte Wahrnehmung korrigiert und die endlose Spirale der Schuld zu einem Ende bringt.

5 Das Glaubensgebäude der Liebe

Die Liebe läßt mich in Dankbarkeit wandeln.

An der Oberfläche meines Egos höre ich zwar das Geschwätz der Zweifel und der Ungewißheit, doch tief in meinem Herzen weiß ich, daß Gottes Liebe die Antwort auf alle Probleme ist. Wenn ich mir erlaube, Gottes Liebe zu erleben – und Seine bedingungslose Liebe weiterzugeben –, bin ich gesund und voller Frieden. Wenn ich Angst verspüre, bin ich krank, voller Zweifel, Ungewißheit und Sorge, fühle mich ungeliebt und nicht liebenswert.

Nachdem ich in viele verschiedene Richtungen und an vielen Orten gesucht habe, erfüllt es mich heute mit Heiterkeit, daß ich endlich weiß, was mein Ziel ist und wie ich es erreiche. Ich stolpere noch jeden Tag, manchmal falle ich auch hin; und manchmal sieht es so aus, als ginge ich rückwärts, doch ich weiß, es gibt kein Zurück. Obwohl die Praxis meines spirituellen Weges noch weit davon entfernt ist, wirklich beständig zu sein, so weiß ich doch, daß Gott mein Leben lenkt und der Friede Gottes mein Ziel ist.

Wenn ich der Versuchung erliege, Verurteilungen auszusprechen, verschwindet mein innerer Friede. Wenn ich der Versuchung widerstehen kann, andere zu verurteilen, so werden diese zu meinen Lehrern. Sie lehren mich die Vergebung in meinem Leben und erinnern mich daran, daß ich inneren Frieden nur dann erleben kann, wenn ich verzeihe, und nicht, wenn ich verurteile.

Die Liebe zeigt den Weg des Vertrauens, und der Glaube zeigt uns, daß Gottes Liebe alle unsere Schwierigkeiten und unser falsches Verstehen auflöst. In der Liebe zu leben, heißt, ein ewiger Optimist zu sein (und nach meiner Lieblingsdefinition ist derjenige ein Optimist, der die Wolken nicht sieht, weil er auf ihnen spazierengeht). Ich glaube an keine Zufälle. Alles, was mit uns geschieht, geschieht nach dem Plan Gottes und stellt eine Aufgabe dar, die Er uns aufgibt. Einer meiner Freunde machte mir kürzlich den Unterschied zwischen einem Wunder und einem Zufall klar: »Der Zufall«, sagte er, »ist ein Wunder, bei dem Gott anonym bleiben will«.

In der Liebe zu leben, heißt auch, unkompliziert zu leben. Wir können durch die Liebe die Stärke unserer Schutzlosigkeit beweisen. In wirklicher Bescheidenheit und Demut können wir nur dann leben, wenn Gott unser Leben führt.

Im Jahr 1982 hatten mein Sohn Lee und ich das große Glück, einige Zeit mit Mutter Teresa durch Indien reisen zu dürfen. Anlaß war eine Vortragsreise durch zahlreiche Dörfer und kleine Städte. Lee fragte sie, welches die wichtigsten Eigenschaften seien, die man besitzen müsse, um anderen zu dienen und zu helfen. Ihre prompte Antwort lautete: »Bescheidenheit und Demut.«

Mutter Teresa erzählte uns auch die Geschichte einer indischen Frau, Mutter von acht hungernden Kindern, in der zum Ausdruck kommt, was Liebe und Dankbarkeit bedeuten. Als Mutter Teresa von ihrem Schicksal erfuhr, besuchte sie die Familie und brachte ihnen eine Schüssel voll Essen mit. Nachdem die Frau ihr gedankt hatte, teilte sie das Essen und verschwand mit einer Hälfte aus dem Haus. Als sie wiederkehrte, aß sie die übrige Hälfte mit ihren Kindern. Mutter Teresa wunderte sich und fragte die Frau, was sie mit der anderen Hälfte gemacht hätte. Die Frau antwortete ihr: »Nebenan wohnt eine Frau, die auch acht hungernde Kinder hat. Nur durch das Teilen des Essens konnte unsere Familie die Segnungen der Liebe Gottes wirklich spüren.«

Laßt uns einen Moment lang darüber nachdenken, wie es sein könnte, wenn wir Gott immer vertrauten und an ihn glaubten. Ich glaube, diese Vorstellung trotzt unseren wildesten Phantasien. Und doch – irgendwie, denke ich, wäre das ein Gemütszustand, der keine Sorgen, Depressionen, Haß-, Angst- oder Schuldgefühle zulassen würde. Stattdessen würden wir immer nur Frieden, Liebe und Freude verspüren.

Es erstaunt mich, wieviele Menschen es gibt, die sich nicht daran erinnern können, nur einen Moment ihres Lebens Friede und Freude erlebt zu haben, aber jeder von uns kann sich vorstellen, dies eine Sekunde lang zu erleben. Wenn wir das Gedankengebäude der Liebe annehmen können und es auf unser Leben anwenden, wird von uns verlangt, dies nur einen Moment lang zu tun, nämlich im Moment des Hier und Jetzt. Eine Sekunde lang vollkommene Liebe zu geben, gibt uns das Gefühl der Gesamtheit und des Einsseins, das das Getrenntsein vom andern völlig aufhebt. In diesem Moment des grenzenlosen Gebens und Liebens verlieren wir das Bewußtsein über unser Körper-Selbst. In der Erinnerung an Gott und im Gefühl Seiner Gegenwart wird diese eine Sekunde zum heiligen Moment – wir schauen einen Augenaufschlag lang in die Ewigkeit hinein.

Unsere Aufgabe ist es, diese Momente so zusammenzufügen, bis wir das Bewußtsein von Zeit verlieren und nur noch die Liebe erleben. Obwohl ich ein paar solcher Momente erleben durfte, so habe ich doch die meiste Zeit damit zu kämpfen, nur zwei solcher Momente einmal zusammenfügen zu können. Jeder Mensch, den wir treffen, gibt uns die Chance, einen heiligen Moment zu erleben – einen Moment, in dem wir ohne das Gefühl des Getrenntseins, ohne uns gegenseitig Vorwürfe zu machen und uns zu verurteilen, zusammen kommen können, in dem wir wissen, daß es Gott gibt und wir seine Gegenwart der Liebe spüren.

Bedingungslose Liebe

In Kapitel 3 definierten wir bedingungslose Liebe als die vollständige Akzeptanz unserer selbst oder einer anderen Person ohne Einschränkungen, Vorbehalte und ohne irgendwelche Grenzen. Bedingungslose Liebe kann nur dann erfahren werden, wenn wir sie hergeben und uns eins mit den anderen fühlen. Die folgenden Aussagen versuchen, auf den Punkt zu bringen, was damit gemeint ist.

– Wir schenken unsere Liebe jedem und schließen niemanden aus.
– Es ist ein Lieben und Geben ohne Anspruch darauf, Liebe oder irgendetwas anderes zurückzubekommen.
– Wir akzeptieren die andere Person vollständig und hegen nicht den Wunsch, sie in irgendeiner Weise zu verändern.
– Wir sehen nur das Licht der Liebe in jedem Menschen.
– Wir haben nur den Wunsch, Gottes Liebe anzunehmen und zu erleben und unserer Dankbarkeit dadurch Ausdruck zu verleihen, daß wir Seine Liebe weitergeben.

Vor ein paar Jahren, als ich in Neuseeland Vorlesungen hielt, bekam ich die ungewöhnliche Chance, bei einem Begräbnis des Maori-Stammes dabei zu sein. Ich erfuhr dort, daß die Maori-Indianer nur ein Wort für Liebe kennen – *aroha* – und daß dies, wörtlich übersetzt, bedingungslose Liebe bedeutete. Ich erlebte diese Menschen als sehr liebevoll, ihre Liebe stellte keine Bedingungen und war auch nicht auf deren Familien beschränkt. Wenn irgendjemand Hilfe brauchte, wurde sie ihm gegeben, ganz gleich, wer es war. Es war für mich ein herrliches Erlebnis, keine falschen Trennwände mehr zu spüren, die eine Entschuldigung dafür darstellen, mit der Liebe hinter dem Berg zu halten. Es gab Liebe in Überfülle, und die Vereinigung schien ewig anzuhalten. Es wurde mir klar, daß wir alle eine Menge von diesen Menschen lernen können, die das wirklich leben, was viele von uns als unerreichbares Ideal betrachten.

Wenn wir bedingungslose Liebe praktizieren, erkennen wir, daß Geben Empfangen ist und daß unsere Liebe kein Vergleichen, keine Bewertungen und keine Verurteilungen nötig hat. Eifersucht, Besitzdenken und Konkurrenzverhalten, die Grundlagen der »Nimm, was du kriegst«-Mentalität der Ego-Liebe, existieren nicht mehr, wenn wir bedingungslose Liebe schenken.

Der folgende Brief stellt eine Frau vor, die, wenn sie am Gedankengebäude ihres Egos festgehalten hätte, heute an einer chronischen Depression leiden würde, mit Haßgefühlen im Bauch und voller Unglück. Obwohl sie immer noch zu kämpfen hat, zog sie es vor zu vergeben, weder sich selbst noch anderen die Schuld zu geben und ein Leben zu leben, in dem sie anderen Liebe schenken konnte. Kathleen ist ein schönes Beispiel dafür, worum es bei der Vergebung und der bedingungslosen Liebe eigentlich geht.

Lieber Dr. Jampolsky,
an einem Freitag bekam ich den Bescheid, daß ich aktive TB habe. Am Samstag verließ mich mein Mann nach neun Jahren Ehe und neun Monaten Dauerkrise für immer; und am Sonntag starb mein Vater. Um eine perfekte Kitschsendung für das Fernsehen daraus zu machen, hätte nur gefehlt, daß am Montag eines meiner Kinder gestorben wäre. Aber, Gott sei Dank, war das nicht der Fall!
Ich begann wieder, als Krankenschwester zu arbeiten (nachdem ich nicht mehr ansteckend war), und es waren Krebspatienten und deren Familien, die mich wieder gesund machten. Ich erkannte in ihren Gesichtern und in der Tiefe ihrer Augen das ganze Leid und den Schmerz in meiner Seele. Aber vor allem erinnerte ich mich daran, wie gut mir das Gefühl tat, getröstet zu werden, das ich in den Tagen, in denen ich nur eine offene Wunde war, von wenigen Mutigen bekam. Nun wußte ich, was Tod und Sterben ist, denn ein Teil von mir war für immer verschwunden. Was mir diese Patienten gaben, war das Leben, wie ich es jetzt kennenzulernen begann – sie ließen es zu, daß ich sie auf ewig liebte, und gaben mir so die Vision meiner eigenen, einzigartigen Würde.
Obwohl ich im Verlauf der letzten sieben Jahre einige der erlebten Verletzungen auskuriert habe (ich habe meinem Ex-Mann und seiner Frau verziehen und wir haben mit der Aufteilung der Erziehung unserer drei Kinder keine Probleme), wuchs doch meine Persönlichkeit in neuen Beziehungen.
Heute bin ich Oberschwester in einer nahegelegenen Klinik, und an der Tür zu meinem Arbeitszimmer steht nur ein Satz geschrieben: »Lebe die Liebe«. Es herrscht zwar andauernd Hochbetrieb, doch eine ungeschriebene Vereinbarung besagt: Ist jemand einmal in meinem Zimmer, kann er mit mir über alles sprechen – vorausgesetzt natürlich, die gegenseitige Würde bleibt gewahrt. Ich danke Ihnen, Dr. Jampolsky, für Ihre Ermutigungen. Aber noch mehr – ich danke Ihnen dafür, daß Sie mir beigebracht haben, ohne Angst so zu sein wie ich bin.

Kathleen

Folgende Aussagen mögen eine Hilfe dabei sein, mehr bedingungslose Liebe in unser Leben zu lassen.

Wie läßt sich bedingungslose Liebe erreichen?

– Laß von all deiner Schuld ab und projiziere sie nicht auf andere.

– Übe Vergebung und laß deine Vergangenheit los. Lebe in der Gegenwart und der Freude des Augenblicks.

– Stelle an niemanden Ansprüche.

– Widerstehe der Versuchung, Urteile zu fällen.

– Vertraue alle deine Bedürfnisse, Wünsche, dein Verlangen und dein Gefühl der Leere deinem inneren Lehrer an. Die Stimme der Liebe wird alles in etwas Vollkommenes und Ganzes verwandeln.

– Ergreife jeden Moment die Chance, jemandem in deinem Leben die Vergebung anzubieten. Erkenne in jedem deinen Lehrer – so haben wir die Gelegenheit, die Vorteile der Vergebung zu erfahren und zu lernen.

– Spüre die Liebe Gottes in dir und danke ihm immer wieder für die Vollkommenheit Seiner ewigen Liebe.

– Durch das Wissen, daß unsere Identität die Liebe ist, haben wir keine anderen Bedürfnisse mehr, außer, diese Liebe immer weiterzugeben.

Der Geist der Liebe – der Geist Gottes

Unser Verstand, der alles analysieren will, kann Gott nicht erfahren. Nur unsere Herzen können das. Im gleichen Maße, wie die spontane Empfindung über einen schönen Sonnenuntergang sofort zerstört wäre, wenn wir sie analysieren müßten und sie vergleichen würden mit anderen Sonnenuntergängen, die wir schon gesehen haben – genauso müssen wir die Ebene des Intellekts und der Analyse überschreiten, wollen wir Gott erfahren. Gott, der die Liebe ist, kann nicht mit Worten definiert werden, sondern kann nur gefühlt werden, wenn wir gewillt sind, unser Bedürfnis nach Kategorisierung und Bewertung von Erfahrungen über Bord zu werfen. Gottes Gegenwart zu spüren geht immer damit einher, Liebe zu geben und mit einer anderen Person eins zu werden.

Da ich die meiste Zeit meines Lebens ein Atheist gewesen war, war für mich das Wort »Gott« immer negativ besetzt, ein Wort, bei dem ich Bauchschmerzen bekam. Immer wenn das Wort in einem Gespräch fiel, hörte ich entweder nicht mehr hin oder verließ den Raum. Ich weiß jetzt, daß es viele Menschen wie mich gibt, die das Gefühl hatten – oder immer noch haben –, daß ihre Religion sie im Stich gelassen hat. Für diese Menschen bleibt das ganze Gebiet der Spiritualität eine empfindliche Angelegenheit.

Für jene Menschen, die sich auf diesem Gebiet immer noch verwundbar fühlen, kann es sehr hilfreich sein, wenn sie alle vergangenen, immer noch in ihren Köpfen herumspukenden, bizarren Vorstellungen über Religiosität beiseite lassen. Dann wird es möglich sein, daß sie Gott einfach als eine nichtkörperliche Kraft der Liebe verstehen, die keine rachsüchtige und bestrafende Richterinstanz darstellt, sondern eine, die liebt und vergibt. Gott auf diese Weise zu erfahren, als eine liebende Kraft und als Licht, das in mir und im ganzen Universum brennt, unterscheidet sich grundlegend von der Vorstellung von Gott, die ich in meiner Kindheit hatte: ein alter Mann mit Bart, hoch oben im Himmel, weit entfernt und außerhalb von mir, der darauf wartet, über mich zu Gericht zu sitzen.

Man braucht nicht unbedingt religiös oder auf einem spirituellen Weg zu sein, um erkennen zu können, wie sehr unser Festhalten an der Schuld und der Angst uns die Sicht für die Erkenntnis verstellt, daß unsere eigentliche Realität die Liebe ist. Unsere Beziehungen können nur dann geheilt werden, wenn wir gewillt sind, Angst und Schuld loszulassen und uns selbst und anderen zu vergeben. In dem Maße, wie wir beständiger darin werden, die Prinzipien der Liebe auf unser Leben anzuwenden, wächst in uns auch ein Bewußtsein einer Macht, die viel stärker ist als wir selbst. Ob wir diese Macht nun »Quelle«, »Kraft«, »Schöpfer« oder »Gott« nennen – es ist der Geist der Liebe.

Im Glaubenssystem der Liebe verschmelzen unsere Identität, unsere Wirklichkeit und die Wahrheit alle in der Ganzheit der Liebe. Unser Ego will uns ständig weismachen, daß es viele verschiedene Arten von Liebe gibt. Das Glaubensgebäude Liebe lehrt uns jedoch, daß es nur eine Liebe gibt – Gottes Liebe – und daß sie eine lebendige Kraft ist, die in jedem von uns scheint. Diese Kraft kann nicht definiert oder gemessen werden; man kann sie nur als Gleicher unter Gleichen erfahren. Und wenn man sie erlebt, wird sie größer und breitet sich aus.

Wenn ich versucht bin, das, was wirklich ist, mit dem zu verwechseln, was nicht wirklich ist, hilft mir immer eine einfache Faustregel: Wenn etwas wirklich ist, dann paßt darauf die Definition, daß es ewig gültig und deshalb wahr ist. Wahrheit breitet sich ständig aus und doch ist sie unveränderlich und immerwährend. Das einzige Beispiel, das nach meiner Kenntnis dieser Definition standhält, ist die Liebe Gottes. Sie ist unsere wahre Identität und das Wesen unseres Seins.

Als Erwachsene können wir häufig angstvolle Erlebnisse, die wir als Kinder erlebt haben, nicht mehr vergessen; sie sind dann häufig die Ursache dafür, daß wir Gott mißtrauen oder ihn vergessen. Letztes Jahr hatte ich die Gelegenheit, ein solches Angsterlebnis aus meiner Kindheit zu verarbeiten.

Ich hatte zusammen mit Carol Howe ein Seminar über den »Kurs in Wundern« für Windstar, die John Denver Stiftung in Aspen, Colorado, gehalten, und danach lud mich John zum Mittagessen ein. Beim Essen fragte er mich, ob ich schon einmal in einem Privatflugzeug geflogen sei, und ich antwortete ihm: »Ja, schon oft. Mein Sohn Lee flog früher immer.« Er fragte mich, ob ich Lust hätte, mit ihm in seinem Flugzeug zu fliegen, und ich sagte sofort ja. Obwohl es kalt war, leicht schneite und der Himmel bedeckt war, hatte John wegen der Flugsicherheit keine Bedenken.

Eh ich mich versah, waren wir schon am Flughafen, und John stülpte mir einen jener Lederhelme für Piloten über, wie sie der »Rote Baron« im 1. Weltkrieg getragen hatte, und schnallte mir einen Fallschirm auf den Rücken. Gleich darauf rollte das Flugzeug aus dem Hangar: eine Doppeldeckermaschine mit offenen Cockpits! Ich hatte gedacht, daß wir mit einer modernen Maschine wie der Cessna fliegen würden, in der ich sicher innen drin sitzen würde!

Mein Herz fing an, wie rasend vor Angst zu schlagen. Ich erinnerte mich, daß Doppeldecker für Kunstflüge verwendet werden – all die Ängste aus meiner Kindheit schossen mir wieder durch den Kopf. Als Kind hatte ich panische Angst vor Achterbahnen, jede schnelle Richtungsänderung ließ meinen Magen zu einem Klumpen werden.

Diese Gedanken waren zuviel für mich. Ich begann, John klar zu machen, daß ich mich nie in diese Maschine setzen würde. Doch plötzlich sagte diese innere Stimme, die Stimme der Liebe, zu mir: »Sei ganz ruhig. Wenn du Gottes Liebe kennst, brauchst du nichts zu fürchten.« Ich änderte meine Meinung und flüsterte John ein zaghaftes »Okay« zu.

Er plazierte mich in das vordere Cockpit, das mit einem Kopfhörer und einem Mikrophon ausgerüstet war, so daß ich mit John Sprechkontakt hatte; und dann hoben wir ab. Es war wie ein Wunder! Wir flogen etwa dreißig Minuten umher und es machte Spaß. Ich hatte absolut keine Angst.

Und dann ergriff mich auf einmal die Panik. John sagte in sein Mikrophon: »Jerry, wie wär's mit einer kleinen Kunstflugeinlage?« Ich wollte schon spontan »auf keinen Fall« in das Mikrophon schreien, als ich wieder von der gleichen inneren Stimme mit derselben Botschaft unterbrochen wurde. Noch einmal – diesmal noch zaghafter – flüsterte ich ihm ein »Okay« zu.

Er beschrieb mir genau, was er vorhatte – einen 360°-Looping. Und genau das machte er dann auch. Und raten Sie mal, was dann geschah. Zu meiner Überraschung kam mir nicht die schwarze Bohnensuppe wieder hoch, die ich zu Mittag gegessen hatte. Statt dessen genoß ich jeden Moment unseres Abenteuers und ich war über mich selbst erstaunt, als ich mich sagen hörte: »John, können wir das nochmal machen?« Und das taten wir dann auch.

Ich bin John noch heute dankbar dafür, daß er mir die Chance gab, mich von meiner angstvollen Vergangenheit zu befreien, so daß ich den Augenblick ganz genießen konnte. Ich war darüber glücklich, daß ich – zumindest in diesem Moment – auf meine innere Stimme hörte, die Stimme der Liebe, anstatt auf die

Stimme der Angst. Was für eine Freude das war zu spüren, daß Gott immer gegenwärtig ist! Und was für eine Freude war es, nur im Jetzt zu leben und zu lernen, daß ich solange mich selbst und andere nicht lieben konnte, bis ich nicht all die Ängste, an denen ich festhielt, losgelassen hatte.

Wenn wir eins mit Gott sind, spüren wir keine körperliche Beschränkung mehr. Jede äußerliche Form und jede Veränderung dieser Äußerlichkeit wird uns gleichgültig. Wir setzen das Leben nicht mehr mit unserem Körper gleich, der sich in Raum und Zeit bewegt. Auch der Tod hat nichts Wirkliches mehr; es gibt nur noch das Leben und die Liebe – für immer und ewig.

Mein rationaler Geist kämpft immer noch täglich mit Gott, gleichzeitig aber erlebe ich immer mehr himmlische Momente, in denen ich erwache, und den Frieden, die Gewißheit und die Ruhe spüre und weiß, daß Gott mich ewig lieben wird. Wenn ich mich an Gott erinnere, sind Depressionen, Schmerz und Frustration wie weggeblasen, da ich weiß, daß ich alles habe, was ich brauche, und es mir an nichts mangelt. Zum ersten Mal in meinem Leben ist die Aussage »Gott ist die Liebe« keine schale Leerformel mehr für mich, sondern etwas, das ich tatsächlich im Moment erlebe.

Zwischen zwei Gedanken wählen

Jede Entscheidung, die wir im Leben treffen, wird entweder vom Gedankengebäude des Egos oder von dem der Liebe gefällt. Das Ego hält uns an, all unsere Entscheidungen auf der Basis der Verurteilungen zu treffen, die wir im Laufe unserer Vergangenheit ausgesprochen haben. Das System der Liebe läßt uns die Vergangenheit vergessen. Wir treffen alle unsere Entscheidungen, indem wir auf die Stimme unseres inneren Lehrers, die Stimme der Liebe hören.

Folgende Liste kann uns eine Hilfe dabei sein, die Gedankengebäude im täglichen Leben besser unterscheiden zu können:

Die Gedanken des Egos

1. In diesem Moment herrscht Schuld und Angst. Die Ängste der Vergangenheit werfen ihre Schatten auf eine angsterfüllte, schuldbeladene Gegenwart und Zukunft. Verbringe deine Zeit damit, dir über die Vergangenheit und die Zukunft Sorgen zu machen, und hab' keinen Spaß am Jetzt.

2. Unsere Wirklichkeit ist die Körperlichkeit, und es ist möglich, in dieser Welt ohne Angst, Depressionen, Auseinandersetzungen und Sorgen zu leben.

3. Wenn wir darauf aus sind, so viel wie möglich haben zu wollen und daran festzuhalten, erleben wir uns selbst als ängstlich und von den anderen isoliert.

4. Alter und Erfahrung bestimmen, wer unsere Lehrer sind.

5. Die Liebe ist immer an Bedingungen geknüpft; ich werde dich lieben, *wenn* du dich so verhältst, wie ich es will.

6. Es gibt verschiedene Arten und Abstufungen von Liebe: eine Liebe für die eine und eine Liebe für die andere Gelegenheit. Und es gibt Menschen, die wir von unserer Liebe ausschließen, weil sie es unserer Meinung nach nicht wert sind.

7. Der Körper, das Leben, die Liebe – alles ist sterblich. Leben und Körper sind eins; Leben und Liebe sind getrennt.

8. Liebe beschränkt sich auf das, was wir sehen und hören. Ihr sind Grenzen gesetzt, und sie stellt Ansprüche.

9. Alles, was wir sehen, ist getrennt und verschieden von dem, was wir sind.

10. Wahr ist, daß wir in eine Welt hineingeboren werden, in der wir früher oder später Frustrationen, Schmerz, Unglück, Verzweiflung, Angst, Hoffnungslosigkeit und Tod erleben. Es gibt viele Dinge neben der Liebe.

Die Gedanken der Liebe

1. Dieser Moment ist der einzige Moment, den es gibt. Er ist für die Liebe da. In diesem Moment gibt es weder Angst noch Schuld.

2. Unser natürlicher Seinszustand ist der der Liebe. Wir sind da, um glücklich, freudvoll und friedlich zu sein.

3. Wenn wir fortwährend anderen Liebe und Friede schenken und wenn wir uns mit ihnen vollkommen vereinen, erleben wir uns selbst als die Liebe.

4. Jeder, gleich welchen Alters, lehrt uns Liebe.

5. Liebe ist immer bedingungslos und hat nichts mit Leistung oder Verhalten zu tun.

6. Es gibt nur die Liebe. Sie ist unveränderlich, immer maximal und schließt nichts und niemanden aus.

7. Leben existiert unabhängig vom Körper. Leben und Liebe sind ein und dasselbe. Leben ist ewig, weil die Liebe unsterblich ist.

8. Liebe kennt keine Grenzen und Ansprüche. Sie entfaltet sich einfach von selbst.

9. Alles, was wir sehen, ist nur ein Spiegel dessen, was wir sind.

10. Liebe ist die einzige Wahrheit, und außer der Liebe gibt es nichts.

6 Liebe heißt Zuhören

Laß jede Stimme, außer der Gottes, in mir schweigen.

Zuhören

Vor ein paar Jahren befand ich mich auf einer Vortragsreise durch
Neuseeland und hatte dabei die Gelegenheit, in einem allgemei-
nen Krankenhaus eine spezielle Abteilung zu besuchen, in der
Menschen untergebracht waren, die todkrank waren. Mir wurde
eine der freiwilligen Helferinnen vorgestellt. Auf ihrem Kragen-
revers stand ihr Name und darunter ein Wort, das mir alles über
sie sagte: Es war das Wort »Zuhörer«. Das war ihre Berufsbe-
zeichnung. Ihre Aufgabe war es nicht, Ratschläge zu geben oder
»konstruktive Kritik« zu üben. Sie wollte bedingungslose Liebe
schenken und durch ihr Zuhören den anderen Menschen vollständig annehmen.
Oft unterbrechen wir andere Menschen, bevor sie ihren Gedanken zu Ende sprechen können. Oder wir »blenden sie aus«, lange
bevor wir sie unterbrechen, weil wir bereits dabei sind, uns die
richtige Antwort zurechtzulegen. Was *wir* zu sagen haben ist viel
wichtiger als das, was uns der andere zu erzählen versucht. Mit
ungeteilter Aufmerksamkeit und bedingungsloser Liebe zuhören
zu können, ist vielleicht das größte Geschenk, das wir anderen
geben können.

Die Stimme der Liebe (Die Stimme Gottes, der Heilige Geist)

Um das Geschenk, anderen Menschen zuzuhören, auch weiter-
geben zu können, müssen wir erst lernen, auf die Stimme der
Liebe in uns zu hören. Wie ich bereits in den vorangegangenen
Kapiteln ausgeführt habe, besteht für die meisten von uns die
Schwierigkeit darin, zu erkennen, daß wir – solange wir in dieser

Welt leben – uns immer zwischen zwei Stimmen entscheiden müssen: der Stimme unseres Egos und der Stimme der Liebe.

Die Stimme der Liebe hat viele Namen, zum Beispiel Stimme Gottes, Heiliger Geist, Stimme der Erkenntnis, innerer Führer, innere Stimme, innerer Lehrer und Intuition. Diese Stimme hat nichts mit unseren früheren Erfahrungen, unserem Intellekt, unserer Ratio oder gesundem Menschenverstand zu tun. Sie kommt aus dem Innersten heraus. In ihr steckt die absolute Gewißheit, daß es die Liebe – das Gott-Selbst – gibt, das immer da ist, wenn wir Antworten auf unsere Fragen bekommen wollen.

Ein ruhiger Geist

Um auf unsere innere Stimme hören zu können, müssen wir zuerst lernen, unseren Geist zu beruhigen, müssen den Glauben und den Willen dazu aufbringen, um Hilfe zu bitten, und müssen auch erwarten, daß uns eine Antwort gegeben wird. Die Stimme kann als Gedanke oder innerer Befehl zu uns kommen; oder sie erscheint uns als eine Art Bild mit Signalwirkung, ähnlich einer Verkehrsampel, die uns bei Grün befiehlt zu gehen, bei Rot stehenzubleiben und bei Gelb, vorsichtig zu sein.

Unser Geist ist sehr undiszipliniert. Tausende von unkontrollierten Gedanken rasen jede Minute durch unser Gehirn, ständig die Vergangenheit umkreisend. Das größte Hindernis auf dem Weg zu einem ruhigen Geist stellt uns unser eigenes Ego mit seiner Affinität zur Schuld und den angstvollen Gedanken in den Weg. Es ist äußerst schwierig, Frieden zu erleben, wenn man ständig von diesen nicht enden wollenden Gedanken und einer zusätzlichen, äußeren Reizüberflutung bombardiert wird.

Um die Welt anders wahrzunehmen, ist eines unumgänglich: Wir müssen lernen, unseren Geist so zu »trainieren«, daß wir unsere Gedanken kontrollieren können, daß wir uns aussuchen können, welche Gedanken wir im Kopf haben wollen. Das ist machbar: Ein disziplinierter Geist ist ein freier Geist, und unser Ziel *heißt* Freiheit. Wenn wir uns weiter von unserem Ego dominieren lassen, werden wir unfähig sein, uns von der Fessel der Angst, der Schuld und der inneren Begrenztheit zu befreien. Den Geist auf diese Weise zu »trainieren«, bedeutet harte Arbeit. Doch zuerst müssen wir den Wert einer stillen Minute – den Wert eines wirklich ruhigen Geistes – schätzen lernen.

Es gibt viele Arten, den Geist zu beruhigen, zum Beispiel die Meditation, das Gebet oder das Anregen der mentalen Vorstellungskraft mittels aktiver Imagination etc. Anstatt auf diese Prozesse detailliert einzugehen, will ich die Merkmale der verschiedenen Methoden vereinfacht darstellen.

Meditation bedeutet gebündelte Konzentration auf etwas, was mit Gott zu tun haben kann, aber nicht notwendigerweise zu tun haben muß. Sie erlaubt die Selbsterforschung und verstärkt das Gefühl der Selbstbewußtheit durch ein Abschalten der Gedanken im Gehirn. Manche Menschen erleben die Meditation als Schwelle zum Gebet.

Das Gebet ist die gebündelte Konzentration auf Gott oder auch die Kommunikation mit Gott. Auf der untersten Ebene kann das Gebet Fragen bedeuten, auf der höchsten bedeutet es Zuhören, Lieben und Zeigen der Dankbarkeit Gott gegenüber. Der Mystiker Meister Eckhart drückte es so aus: »Wenn das einzige Gebet, das du in deinem ganzen Leben sprichst, aus einem ›ich danke dir‹ bestünde, würde das schon genügen.«

Im Gebet wie in der Meditation entscheidet man sich, nach innen zu gehen und sich nicht vom Lärm der äußeren Welt stören zu lassen. In gewissen Momenten können Gebet und Meditation eins werden. Es gibt eine alte Weisheit, die sagt, daß ein unruhiger Geist ein kranker Geist, ein langsamer Geist ein gesunder Geist und ein stiller Geist ein himmlischer Geist ist.

Technische Unterscheidungsmerkmale zwischen Gebet und Meditation sollen uns hier nicht interessieren. Wir sollten uns nur eines zur Aufgabe machen: Zweimal am Tag versuchen wir, unseren Geist zur Ruhe zu bringen, in der Frühe nach dem Aufwachen und am Abend vor dem Einschlafen.

Meine eigene Methode, wie ich meine chaotischen Gedanken, die durch mein Gehirn jagen, abstellen kann, ist, mich immer wieder daran zu erinnern, daß der Frieden Gottes mein einziges Ziel ist. Nur für eine Sekunde konzentriere ich mich darauf, mich von allen weltlichen Wünschen und Begierden frei zu machen. In diesem Moment öffne ich mein Herz der Liebe Gottes und bitte darum, Sein Botschafter sein zu dürfen und Seinen und meinen Willen eins werden zu lassen. In der Stille, die darauf meist folgt, erlebe ich mich als das Licht Gottes, das auf die Welt scheint und alle Gedanken zu einem werden läßt. Diese eine Sekunde lang spüre ich den Frieden und die Glückseligkeit der grenzenlosen Liebe Gottes, begleitet von dem Gefühl, daß ich nichts anderes zu tun brauche, als zu sein.

Wenn das Gefühl, den Geist zu beruhigen, etwas Neues für dich darstellt, beginne einfach damit, morgens und abends – nicht länger als drei Minuten – zu versuchen, den Geist abzuschalten und steigere diese Zeit ganz nach deinem Gefühl Schritt für Schritt. Wichtig dabei ist, mit sich selbst sanft umzugehen, Geduld zu haben und der Versuchung zu widerstehen, sich dauernd selbst beurteilen zu wollen, wie gut oder schlecht man meditiert oder betet.

Am Ende des Kapitels findest du einige Vorschläge, wie du deinen Geist zur Ruhe bringen kannst, einschließlich des Gebrauchs der aktiven Imagination. Aktive Imagination ist eine Methode, mit der man mit seiner mentalen Vorstellungskraft so umzugehen lernt, daß man sich auf eine Sache konzentriert, zum Beispiel sich an einem wunderschönen, ruhigen See friedlich zu sitzen zu sehen und so die vielen Gedanken, die einem im Kopf umherschwirren, zur Ruhe zu bringen.

Das Zuhören lernen

Auf unsere innere Stimme, die Stimme der Liebe, zu hören, bedeutet, unseren rational, analytisch-deduktiv denkenden Geist beiseite zu legen und uns vom Zentrum der Liebe in unserem Herzen führen zu lassen. Unser Ego will es uns dabei nicht leicht machen und versucht uns davon zu überzeugen, daß das Treffen von Entscheidungen auf solch irrationaler Basis blödsinnig und auch irre ist.

Im Jahr 1979 hatte ich ein Erlebnis, das mich stark darin bestätigte, auf meine innere Stimme zu hören. Es war geplant, daß ich am 1. Mai in Israel einen Vortrag halten sollte, und ich freute mich schon darauf, danach ein paar Tage lang die historischen Stätten dieses Landes zu besuchen. Etwa zwei Wochen vor der Abreise riet mir meine innere Stimme, meine bereits gebuchten Tickets umzutauschen und stattdessen am 3. Mai nach Ägypten zu fliegen.

Da ich keine Freunde in Ägypten hatte, schien die ganze Idee eher lächerlich und verrückt zu sein. Mein innerer Führer aber bestand darauf, und so tauschte ich mein Ticket in einen Flug nach Kairo um. Um nicht als ganz verrückt zu gelten, erzählte ich niemandem etwas davon, außer meinem guten Freund, dem Koautor dieses Buches, Bill Thetford. Als ich ihm davon erzählt hatte, verabschiedete ich mich mit einer eher flapsig gemeinten Bemerkung von ihm: »Ich weiß eigentlich nicht, was ich da soll — aber vielleicht will es das Schicksal, daß ich dort eine berühmte Persönlichkeit treffe, die ich besonders verehre, vielleicht sogar Frau Jihan Sadat.«

Damals konnte man noch nicht direkt von Israel nach Ägypten fliegen, sondern mußte in Griechenland zwischenlanden. Auf dem Flug von Athen nach Kairo fiel mir eine Zeitschrift der Fluggesellschaft in die Hände. Darin las ich eine Geschichte über Dr. Shahbender, den Leiter des Krebs-Institutes in Ägypten. Da ich immer noch nicht wußte, was ich eigentlich in Ägypten wollte, hatte ich die Idee, daß ich vielleicht deswegen hinfahren wollte, um Dr. Shahbender zu treffen.

Am nächsten Morgen gelang es mir nach einigem Hin und Her, ihn am Telefon zu sprechen. Er antwortete mir: »Es tut mir leid, aber da heute Freitag ist, kann ich Sie unmöglich sehen. Freitag ist wie Sonntag bei Ihnen in den Staaten. Ich fahre auf's Land mit meiner Familie.« Dann entstand eine kleine Pause und er fuhr fort: »Hmm, wenn Sie sich gleich in's Taxi setzen würden, hätte ich zehn Minuten für Sie Zeit.«

Als ich ihn in seiner Wohnung antraf, spürten wir sofort eine gegenseitige, innige Freundschaft, als würden wir uns schon jahrhundertelang kennen. Spontan lud er mich ein, ihn auf seiner Landpartie mit seiner Familie zu begleiten. Zu meiner Überraschung war das Ziel unseres Ausflugs eine informelle Party, auf der auch die Mehrheit von Sadats Kabinett anwesend war. Ich lernte den Gesundheitsminister kennen, der mich am nächsten Tag in sein Büro einlud.

Während dieses Besuchs erzählte er mir, er würde mich gerne mit Frau Sadat bekanntmachen, und veranlaßte daraufhin alles Nötige, daß ich sie in ihrem Domizil in Giza besuchen konnte. Als er mir das erzählte, bekam ich eine Gänsehaut, denn ich mußte an das eher »flapsig« gemeinte Gespräch mit Bill kurz vor meiner Abreise denken.

Als ich Frau Sadat traf, wurde aus der geplanten Fünf-Minuten-Unterredung ein einstündiges Interview. Seitdem herrscht ein regelmäßiger Informationsaustausch zwischen uns, und in den letzten Jahren hielten wir sogar gemeinsame Vorträge über das Thema »Kinder – die Botschafter des Friedens«, sowohl in den USA als auch in Europa.

Als ich nach Kalifornien zurückkehrte, dachte ich darüber nach, was eigentlich geschehen war. Mir wurde klar, daß nicht nur die Erlebnisse in Ägypten mich so stark beeindruckt hatten, sondern auch die Erkenntnis, daß dies alles nicht passiert wäre, hätte ich nicht auf meine innere Stimme gehört. Seitdem stehe ich meiner inneren Stimme viel offener gegenüber und vertraue ihrer Führung – auch wenn sie mir irrational erscheint.

Die Angst vor dem Tod

Die Art und Weise, wie man den Tod betrachtet, unterscheidet die beiden Gedankensysteme fundamental. Die größte Bedrohung, die unser Ego-Selbst wie ein Damoklesschwert über uns schweben läßt, ist die Angst vor dem Tod. Sie zerstört unsere Fähigkeit zuzuhören. Solange wir uns mit unserem Körper identifizieren, werden Angst und Schuld unsere Gedanken beherrschen, auch wenn wir uns darüber nicht immer bewußt sind. Aus Schuld entsteht immer Aggression, entweder gegen uns selbst oder gegen andere. Die Schuldgefühle sind es, die den Glauben des Egos an die Vergangenheit, die Gegenwart und die Zukunft – als Zeitabfolge, in der der Tod des Körpers gleichgesetzt wird mit dem Ende des Lebens – immer wieder verstärken. Unser Ego läßt uns nur an die Kontrolle denken, die wir über andere und über die Welt um uns herum ausüben können – als Versuch, unsere Angst vor dem Tod zu negieren.

Im Gedankengebäude der Liebe ist der Tod der Übergang von der Form zur Nichtform. Im Zustand der Nichtform sind das Leben und die Liebe ein und dasselbe, und es wird sie immer geben; sie werden auch noch existieren, wenn das Kostüm, das wir Körper nennen, abgestreift wird.

Wenn wir frei von Schuld sind, erleben wir jeden Moment, als wäre er zeitlos, und wir besitzen das Wissen, daß wir die Liebe, das Leben und die Ewigkeit sind, da auch Gott ewig ist. Wenn wir frei von Schuld sind, gibt es keine Angst vor dem Tod mehr.

Vor nicht allzu langer Zeit bekam ich einen wunderschönen Brief von einer Frau namens Lory. Ihr Bruder Ray starb im Alter von 27 Jahren bei einem Autounfall. Sie fügte ihrem Brief einen zweiten bei, den Ray fünf Jahre zuvor geschrieben hatte und in dem er seinen Willen kundtat, wie man seiner nach seinem Tod gedenken sollte.

Ich glaube, Sie werden mit ihr darin übereinstimmen, daß Ray mit großer Klarheit verstand, daß Geben Leben bedeutet und daß Leben und Liebe etwas Ewiges sind, das nicht mit dem physischen Tod endet.

Lieber Dr. Jampolsky,
ich kann gar nicht mit Worten ausdrücken, wie dankbar ich Ihnen dafür bin, daß Sie die Zeit gefunden haben, meine Mutter am 26. Dezember anzurufen. In der spanischen Sprache gibt es ein Sprichwort, das frei übersetzt etwa so lautet: »Möge Gott dir alles zurückgeben«. Ich hoffe

und bete dafür, daß Ihnen die Liebe, die Sie uns gegeben haben, tausendmal und mehr zurückgegeben wird.

Mir hat Ihr Buch »Wenn Deine Botschaft Liebe ist« sehr gut gefallen. Ich verwendete einige ihrer Gedanken nicht nur zu meinem eigenen Trost, sondern auch für die Grabrede, die ich für meinen Bruder Ray hielt. Ray hatte die wunderbare Gabe, jeden Moment zu leben. Darüber hinaus fand er immer die Zeit zuzuhören, jedem, zu jeder Zeit. Eines der schönsten Geschenke Gottes waren die siebenundzwanzig Jahre, die ich mit Ray verbrachte. Nun müssen meine Eltern ihr Kind begraben.

Nach der Beerdigung von Ray fanden wir das beiliegende Schreiben. Ray schrieb es fünf Jahre vor seinem Tod, als er erst zweiundzwanzig Jahre alt war. Ich finde, es drückt soviel über seine von Herzen kommende Bescheidenheit aus, daß ich mir dachte, Sie würden es auch gerne lesen.

Gott schütze Sie!

Möge das Licht und die Liebe bei Ihnen sein
Lory

Rays »Lebensbett«-Instruktionen

In Erinnerung an mich!

Der Tag wird kommen, an dem mein Körper auf einem weißen Laken liegen wird, das an allen vier Ecken akkurat unter eine Matratze gesteckt sein wird, irgendwo in einem Krankenhaus, das mit den Lebendigen und Toten »alle Hände voll zu tun hat«. In einem bestimmten Augenblick wird ein Arzt feststellen, daß meine Gehirnfunktion zu arbeiten aufgehört hat und daß damit – trotz aller Bemühungen – mein Leben zu Ende gegangen ist.

Wenn dies geschieht, versucht nicht, mit irgendwelchen Maschinen mein Leben retten zu wollen. Und nennt es nicht mein Totenbett. Es soll ›Lebensbett‹ genannt werden und mein Körper soll dazu dienen, anderen ein erfüllteres Leben zu schenken.

Gebt meine Augen dem Mann, der noch nie einen Sonnenaufgang, das Gesicht eines Babys oder die Liebe in den Augen einer Frau gesehen hat. Gebt mein Herz einem Menschen, dem sein eigenes Herz nur endlose Tage voller Schmerzen gebracht hat. Gebt mein Blut dem jungen Menschen, der aus einem Autowrack gezogen wird, damit er seinen Enkelkindern einmal beim Spielen zuschauen kann. Gebt meine Nieren demjenigen, der Woche für Woche von einer Maschine abhängig ist. Nehmt meine Knochen, meine Muskeln, jede Faser und jeden Nerv aus meinem Körper und findet heraus, wie man damit einem verkrüppelten Kind zum Gehen verhilft.

Untersucht jeden Winkel meines Gehirns, nehmt, wenn nötig, meine Zellen und laßt sie wachsen, damit vielleicht eines Tages ein stummer Junge beim Fußballspielen ›Tor‹ schreien kann oder ein taubes Mädchen das Prasseln des Regens gegen ihre Fensterscheibe hören wird. Verbrennt das, was von mir übriggeblieben ist, und verstreut die Asche in alle Winde, damit die Blumen besser wachsen. Wenn Ihr etwas beerdigen müßt, dann begrabt meine Fehler, meine Schwächen und all die Vorurteile, die ich gegen meine Mitmenschen vorgebracht habe. Meine Sünden gebt dem Teufel und meine Seele gebt Gott. Und wenn Ihr meiner gedenken wollt, tut das mit einer lieben Tat oder einem netten Wort demjenigen gegenüber, der Eure Hilfe braucht. Wenn Ihr all das tut, worum ich Euch bitte, werde ich ewig leben.
Dies ist mein Wille.

Ray

Widerstände, auf die innere Stimme zu hören

Unser Ego will unsere Zweifel schüren und stellt permanent Fragen wie »Bist du dir wirklich sicher, daß die Stimme, die du hörst, die Stimme der Liebe ist? Vielleicht machst du dir nur einfach etwas vor«. Unsere Ego-Stimme will immer als erste gehört werden. Sie versucht, uns davon abzuhalten, unseren Willen Gott zu übertragen, weil ihr das Resultat nicht paßt. Mein Ego plagt mich immer noch mit diesen Spielchen und verursacht in mir Hader und Ungewißheit. Doch je gewillter ich bin, der Stimme der Liebe zu vertrauen, desto mehr Friede und Zuversicht erfahre ich.

Oft ertappe ich mich dabei, daß ich zu rationalisieren versuche: Nur zu gern werde ich Gottes Willen erfüllen, wenn Er damit einverstanden ist, meinen zu akzeptieren. Das bedeutet aber, daß, wenn ich mir bereits vorher die Antwort zurechtlege, die ich bekommen will, ich tatsächlich unfähig dazu bin, eine wirkliche Frage zu stellen. Mit leeren Händen vor Gott hinzutreten, bedeutet, nicht mit einer bestimmten Antwort ausgerüstet zu sein. Das ist es, was mein Ego ganz verrückt macht, denn sein Überleben hängt ja von Antworten ab, die ihm freie Bahn lassen.

Nur dann, wenn ich auf das Resultat einer Frage fixiert bin, gewinnt mein Ego die Oberhand und hindert mich daran, auf meine innere Stimme zu hören.

Wir müssen unseren Haß, unsere Schuld und unsere Unversöhnlichkeit noch nicht überwunden haben, um zu unserem inneren Lehrer zu gelangen. Es liegt jedoch teilweise an unserem Willen, die Lösung unserer Probleme der inneren Stimme zu übertragen. Das ermöglicht uns, unsere falschen Vorstellungen zu korrigieren. Wenn wir in zunehmendem Maße bereit sind, auf die Stimme der Liebe zu hören, beginnen wir zu erkennen, daß es unsere Aufgabe hier auf Erden ist, Botschafter eines Gottes zu werden, der jedem seine bedingungslose Liebe schenkt. Bevor wir jedoch diese Aufgabe erfüllen können, müssen wir zuerst die Botschaft für uns selbst empfangen und annehmen.

Das Licht der Liebe, das Licht Christi

Wenn mir vor zehn Jahren ein Buch unter die Finger gekommen wäre, daß solche Dinge wie das Licht der Welt, das Licht der Liebe oder das Licht Christi erwähnt hätte, hätte ich es angewidert beiseitegelegt und nie wieder geöffnet. Deswegen hatte ich ursprünglich auch Bedenken, diese Begriffe in dem Buch zu verwenden, da ich mir dachte, vielen von Ihnen erginge es ähnlich. Und doch ist die Erfahrung und das Wissen, daß wir das Licht der Welt sind und daß dieses Licht nur durch unsere Angst- und Schuldgefühle verdunkelt wird, die zentrale Botschaft dieses Buches.

Das Licht der Liebe, das Licht Christi, kann als Licht betrachtet werden, das aus dem innersten Herzen Gottes strahlt. Es strahlt durch uns auf alle anderen Menschen. Für unsere Zwecke sind die Begriffe Licht der Liebe, Licht Christi, Licht Gottes und Licht der Welt alle austauschbar. Für uns ist das Licht *die* schöpferische Energiequelle für das ganze Universum. Die Aufgabe eines jeden von uns hier auf diesem Planeten ist es, dieses Licht auszustrahlen, so daß die Finsternis der Schuld, der Furcht und der Trennung verschwindet. Wir heilen unseren Geist, wenn wir uns alle zu einem verbinden und in anderen und in uns selbst nur das Licht der Liebe sehen. Während dieses Heilungsprozesses erkennen wir, daß der Geist eines jeden von uns nichts Isoliertes darstellt, daß alle verbunden sind und daß es nur einen universellen Geist gibt, der mit dem Herzen Gottes verbunden ist.

Folgende Analogie halte ich für das Verständnis des universellen Geistes für sehr hilfreich. Ich schließe meine Augen und stelle mir vor, das ganze Universum bestände nur aus Wasser. Ich werfe ein Steinchen Liebe in das Wasser und sehe, wie die kleinen Wellen jedes Partikel des Wassers erfassen. Und dann kommt die Welle zu mir zurück und erfaßt mich. In ähnlicher Weise erfaßt das Licht der Liebe in unseren Herzen den Geist der anderen Menschen und kehrt wieder zu uns zurück. Es beseitigt alle Zweifel darüber, wer wir sind.

Es gibt eine sehr eindringliche Textstelle aus dem »Kurs« über das Licht Christi. Immer wenn sich in mir Zweifel regen und ich mich unsicher bezüglich meiner selbst und meiner Umwelt fühle, richtet das Lesen dieses Textes mein Gemüt wieder auf und läßt mich wieder auf die Stimme der Liebe hören. Wenn du dich mit dem Wort »Christus« nicht so recht wohl fühlst oder dies bei dir negative Assoziationen weckt, ersetze es einfach durch das Wort »Liebe«. Das folgende Zitat entstammt aus dem »Kurs in Wundern«*.

> Ins Angesicht Christi kannst du schauen.
> Das Lied Christi kannst du hören.
> Die Hand Christi kannst du halten.
> Bei jeder Reise ist auch Er dabei.
>
> Vor jedem Kampf muß es Zweifel geben.
> Und du mußt zweifeln, jedoch nur um dich.
> Christus kennt die Zweifel nicht, und von seiner Gewißheit
> Kommt die Ruhe.
>
> Seine Gewißheit tauscht er gegen deine Zweifel ein.
> Wenn du es willst, dann ist Er eins mit dir.

* im Original S. 475

Und dieses Einssein ist so endlos, zeitlos
Und doch ganz nah, denn deine Hand gehört auch Ihm.

Er ist in dir, er ist daneben und davor,
Er führt den Weg an, den er gehen muß,
Sich selbst zu finden – Seine Ruhe wird zu deiner Stärke.
Wo sind die Zweifel, wenn Gewißheit herrscht?

Den Widerstand brechen

Es gibt viele verschiedene spirituelle Wege; für jeden gibt es
einen Meister – einen toten oder lebendigen –, der als Lernmodell
fungiert. Vielleicht ist es nicht unbedingt nötig, einen Meister zu
haben, doch für viele ist er sehr hilfreich.
Früher betrachtete ich Gott als meinen Meister – jedoch auf eine
sehr abstrakte Weise: Mir machte es große Schwierigkeiten, eine
enge, persönliche Beziehung zu dieser Abstraktion zu bekommen. Doch ebenso stark regte sich mein Widerstand, wenn es um
Gurus, Lehrmeister oder personifizierte innere Lehrer ging –
besonders, wenn sein Name Jesus war.
Und doch hatte ich das Gefühl, daß ich meine alten Vorstellungen
über Jesus aufgeben mußte und versuchen mußte, mich dem, was
er war und was er darstellte, mehr zu öffnen. Auf das, was als
nächstes geschah, war ich jedoch nicht vorbereitet. Zu meiner
vollen Überraschung begann ich, eine wirklich persönliche Beziehung zu Jesus zu entwickeln. Zuerst sah ich Jesus als den
Botschafter Gottes, der gekommen war, um der Welt Vergebung
und Liebe zu predigen. Dann begann ich ihn als älteren Bruder
und Lehrmeister zu betrachten, der uns die Möglichkeit vorlebte,
uns von Verurteilungen, von der Schuld und von allen Dingen,
die in dieser Welt außer der Liebe Gottes zählen, vollständig zu
befreien. Und was noch wichtiger war für mich – er zeigte mir,
daß der Tod nichts Wirkliches und Leben ewig ist, und daß der
Geist in einer fortwährenden Kommunikation mit allen anderen
bleibt, auch wenn es den Körper nicht mehr gibt.
Ich begann, seine Gegenwart in mir zu spüren, und in manchen
Momenten hatte ich das Gefühl, daß er durch mich agierte, daß

ich ein Medium seiner Gedanken, seiner Worte und Taten geworden bin. Seine Botschaft, daß die Welt sich verändern könnte, wenn wir alle Vergebung übten, packte mich in meinem Innersten. Zuerst behielt ich meine Beziehung zu Jesus als Geheimnis für mich, da ich mir Gedanken machte, was wohl die anderen Leute von mir denken würden.

Als ich eines Tages kurz vor einem Vortrag in der John Hopkins Universität für Medizin darüber meditierte, ob es richtig sei, das Wort »Gott« oder »Christus« in meiner Rede zu verwenden, war die Antwort meiner inneren Stimme ein klares »Nein«.

Nach dem Vortrag, der sehr positiv aufgenommen wurde, begleitete mich ein Professor für Psychiatrie zum Gebäude hinaus, durch eine andere Tür, als die, zu der ich hereingekommen war. Ich war mit ihm tief ins Gespräch vertieft und achtete nicht darauf, wo wir entlang gingen. Plötzlich rannte ich mit voller Wucht gegen eine Statue. Ich schaute auf und sah zu meinem Erstaunen die größte, friedvollste und schönste Skulptur von Jesus, die ich je gesehen hatte. Ich rief: »Was macht Jesus hier in der John Hopkins Universität?«

Der Professor lachte und erzählte mir, daß der Eingang, zu dem ich hereingekommen war, neu wäre und Krebs-Eingang genannt werde. Die Tür, zu der ich hinausging, wäre der ursprüngliche Eingang und hieße Christus-Eingang. Die Statue wäre so alt wie die John Hopkins Universität. Dieses Erlebnis symbolisierte für mich, daß das Licht und der Geist Jesu und der Liebe immer bei mir waren und ich ihn nicht unbedingt beim Namen nennen mußte.

Ich war von der Statue so beeindruckt, daß ich um eine Fotografie von ihr bat. Sie hängt jetzt an der Wand in meinem Schlafzimmer. Zu der Zeit war ich jedoch immer noch nicht so weit, daß ich ein Bild von Jesus in meinem Wohnzimmer aufhängte, wo es jeder sehen konnte. Heute, seit meine Beziehung zu Jesus viel entspannter ist, mache ich mir weniger Gedanken darüber, was andere Leute sagen könnten. Jetzt hängt ein großes Bild von Jesus bei mir im Wohnzimmer über dem Kamin.

An dieser Stelle muß ich einflechten, daß es für das Heilen von

Beziehungen nicht notwendig ist, eine Beziehung zu Jesus aufzubauen oder ihn – oder jemand anderen – als Lehrmeister anzuerkennen. Ich wollte Ihnen nur meine Erfahrungen mit Jesus als meinem Lehrer mitteilen und damit ausdrücken, wie sehr er mir geholfen hat. Ich will aber damit bestimmt nicht sagen, daß für andere das gleiche gelten muß.

Glaube und Vertrauen

Im Gedankengebäude der Liebe bedeutet Glaube, Gott zu vertrauen wie die innere Gewißheit und das über jeden Zweifel erhabene Wissen zu besitzen, daß wir für immer sicher sind und wir nie trostlos stehengelassen werden. Der Glaube ist das Vertrauen darin, daß Gott uns vollständig und auf ewig liebt und daß die Kraft Seiner Liebe immer in uns ist. Es ist das unzweideutige Wissen, daß wir Seiner Kraft eher vertrauen können als der beschränkten und ärmlichen Kraft unseres Persönlichkeits-Selbst und daß es keine Probleme gibt, die die Liebe Gottes nicht lösen kann.

Das Vertrauen eines Kindes in Gottes Liebe

Kürzlich war ich in unserem Zentrum bei einem Eingangsgespräch mit einem zehnjährigen Jungen namens Derek Schmidt dabei, der Leukämie hatte. Vor unserem Treffen hatte es den Anschein gehabt, sein Krebszustand wäre verschwunden, doch er tauchte plötzlich wieder auf, und seine Eltern brachten ihn zu uns. Zum ersten Mal seit dem Auftreten der Krankheit hatten seine Eltern den Glauben an das Vertrauen in Gott verloren, weil sie dachten: »Wie können wir Gott weiter vertrauen, wenn unsere Gebete nicht erhört werden?«

Meine Augen füllten sich mit Tränen der Dankbarkeit, als ihr Sohn sagte: »Man muß nicht alles verstehen, um an Gott glauben und ihm vertrauen zu können; was du wissen mußt, ist, daß Gott dich immer liebt und daß uns nie etwas geschehen wird, was wir nicht mit Seiner Hilfe meistern können.«

Für mich war er eine alte, weise Seele in einem jungen Körper. Er erinnerte uns alle daran, was es mit dem Glauben und dem Vertrauen eigentlich auf sich hat. An jenem Tag, als ich diesen Jungen traf, brauchte ich diese liebevolle Erinnerung sehr, denn ich befand mich selbst in einer Glaubenskrise. Seine Einfachheit, Unschuld und Klarheit halfen mir dabei, meinen eigenen Glauben wieder zu festigen.

Vorschläge, wie man den Geist beruhigt

Im folgenden stehen fünf praktische Übungen zur Beruhigung des Geistes und zur Aktivierung des Konzepts der Liebe durch Zuhören. Wiederhole am Anfang jede dieser Übungen drei- bis fünfmal und, wenn sie dir guttun, führe sie längere Zeit aus.

1. Ich bin entspannt
Schließe deine Augen, gehe in dich und finde einen ruhigen Ort des Friedens.
Sage beim Einatmen die Worte »Ich bin« ruhig zu dir selbst.
Beim Ausatmen sage im ruhigen Ton das Wort »entspannt«.
Konzentriere dich nur darauf: »Ich bin entspannt«.

2. Atme Liebe ein, atme Friede und Freude aus
Spiele Musik ab, die dich entspannt.
Wenn du einatmest, stell dir vor, bedingungslose Liebe einzuatmen.
Beim Ausatmen, stell dir vor, Friede und Freude für die ganze Welt und für jedes Lebewesen strömen aus dir heraus.

3. Einswerden mit dem Licht
Zünde eine Kerze an und konzentriere dich nur auf die Strahlen des Lichts.
Fühle den Widerschein des Lichts in jedem Aspekt deines Seins.
Erfahre, wie du mit dem Licht eins wirst.
Sag leise zu dir selbst: »Ich bin das Licht der Welt«.

Erlebe, wie Freunde und Feinde in das Licht hineingehen und eins mit dem Licht und dir werden.

4. Eins mit einer Blume werden

Setze deine Phantasie ein und stelle dir deine Lieblingsblume vor.

Stelle dir vor, daß du dich ein paar Minuten lang von deinem Körper trennen kannst; gehe dann in die Blume hinein und werde mit jedem Teil von ihr eins.

Spüre, wie du bedingungslose Liebe von den Strahlen der Sonne empfängst.

Erfahre das Wesen deines Seins, deiner Liebe und deiner Schönheit; strahle in alle Richtungen, so daß es alle sehen können.

Erfahre in diesem entspannten Zustand, daß das Geben und Empfangen von Liebe eins sind.

5. Laß los*, laß Gott

Schließe deine Augen.

Sage beim Einatmen das Wort »Laß«.

Sage beim Ausatmen das Wort »Los«.

Sage beim Einatmen das Wort »Laß«.

Sage beim Ausatmen das Wort »Gott«.

---

* Laß los, das soll heißen: Laß deine Vergangenheit und deine alten Vorstellungen los.

7 Eine Brücke zum Himmel auf Erden

> Alle Angst ist vergangen, was bleibt ist die Liebe.

Das Material dieses Kapitels kann als eine Art Brücke verwendet werden, die uns vom Glauben an unser Ego zum Glauben an die Liebe führt. Ich habe einige Übungen und Merkkästchen beigefügt, die dazu dienen sollen, die Kluft zwischen unserer Ergebenheit der Welt des Egos gegenüber und dem Erkennen, daß die Welt der Liebe unsere Wirklichkeit darstellt, zu schließen.

Himmel auf Erden

Den Himmel sollte man sich nicht als Ort vorstellen, sondern als Bewußtseinszustand. Er ist die Erfahrung des Einsseins miteinander und mit Gott, des grenzenlosen Friedens, der Freude und der Liebe. Für die meisten von uns verlangt die Erfahrung dieses Bewußtseinszustandes – auch wenn es nur für Sekunden ist – eine Veränderung der Wahrnehmung, die uns auf den ersten Blick schwierig erscheint. Auf der anderen Seite ist »schwierig« ein Wort aus dem Wortschatz unseres alten Glaubens an die Grenzen unserer Lernfähigkeit.

Wir müssen nicht die Vergangenheit und ihre Schwierigkeiten wiedererleben. Wir müssen nichts auf die lange Bank schieben. Wir können uns für diese eine Sekunde »Himmel auf Erden« gleich jetzt entscheiden.

Wenn unser Geist ruhig bleibt und sich im vollkommenen Frieden befindet, können wir grenzenlose Freude erleben – eine Freude, die jenseits aller Vorstellungskraft liegt. Im folgenden werden die Attribute beschrieben, die unser Geist im Zustand des Himmels auf Erden erlebt.

Himmel auf Erden

Friede

Liebe

Gelassenheit

Güte

Zärtlichkeit

Geduld

Sanftmut

Leichtherzigkeit

Lachen

Glück

Wie ich bereits früher erwähnt habe, sind wir uns durch die Gewißheit, daß unser natürlicher Zustand die Liebe ist, auch sicher, daß uns nichts bedrohen kann. Wir strahlen dann all diese Attribute ganz spontan aus, ohne über sie nachzudenken und ohne daß etwas ihre Ausstrahlung verhindert.

Wenn wir aber keine Gewißheit haben und zweifeln, werden Schuld und Angst den Ausdruck dieser positiven Glücksgefühle verhindern.

Vergebung

Wirkliche Vergebung ist die Brücke, die wir überqueren, um uns von unserer Schuld und Angst zu befreien. Durch sie können wir den Himmel auf Erden erleben.

Man achte darauf, daß in dem folgenden »Rezept für inneren Frieden« die ersten vier Punkte die Vergebung behandeln. Vergebung zu praktizieren, ist der Schlüssel zur Befreiung von Schuld in unserem Leben. Wenn wir die zehn Grundsätze dieses »Rezeptes« konsequent befolgen, können wir unser Leben und unsere Welt wirklich verändern.

Rezept für inneren Frieden

1. Vergib deinen Eltern vollständig.
2. Vergib jedem, der je da war, der da ist und da sein wird, einschließlich dir selbst, vollständig.
3. Vergib der Welt vollständig.

4. Vergib Gott vollständig.
5. Mach den ersten Schritt und glaube; vertraue in die Liebe, vertraue Gott.
6. Wenn du die Wahl zwischen Frieden und Konflikt hast, wähle den Frieden.
7. Wenn du die Wahl zwischen Liebe und der Schuld hast, wähle die Liebe.
8. Suche bei anderen nicht die Fehler, sondern die Liebe.
9. Sei eher ein Liebe Gebender als ein Liebe Suchender.
10. Lehre nur Liebe.

Der Sinn von Vergebung liegt darin, daß wir erkennen, daß Schuld wertlos ist. Um Vergebung die volle Wirkung zu geben, muß sie total sein. Mit fünfundneunzig Prozent Vergebung können wir uns nicht durchschwindeln. Es ist wie bei der Schwangerschaft: »ein bißchen schwanger« gibt es nicht.
Wir können nicht verletzen oder verletzt werden, wenn wir daran glauben, daß unser Geist eher unsere Wirklichkeit »verkörpert« als unser Körper. Wenn wir uns nur mit der Wirklichkeit unseres Lichtes und das der anderen identifizieren, erlaubt uns die Vergebung, von all dem, was uns die Menschen vermeintlich angetan haben und was wir den anderen vermeintlich angetan haben, loszulassen. Es ist, wie wenn man träumt, daß uns jemand weh getan hat; man wacht auf und hat immer das Gefühl, der Traum wäre Wirklichkeit. Erst wenn wir uns daran erinnern, daß es nur ein Traum war, können wir den ganzen »Vorfall« vergessen. In ähnlicher Weise hilft uns die Vergebung, die illusionäre Vergangenheit zu vergessen und die Liebe im Moment als unsere einzige Wirklichkeit zu erfahren. Vergebung lehrt uns, daß das, was wir als Sünde betrachteten und was nach Schuld und Verurteilung rief, nur ein Fehler war, der korrigiert aber nicht bestraft werden mußte.

Kinder sind, was Vergebung betrifft, wundervolle Lehrmeister. Vor einigen Jahren war ich Berater für ein großes Transportunternehmen. Bei einem meiner Besuche in dieser Firma nahm ich einen zwölf Jahre alten Jungen namens Tony mit, der Krebs hatte und aktives Mitglied unserer Kindergruppe im Zentrum war. Auf dem Treffen regte sich ein regionaler Leiter darüber auf, daß eine Konkurrenzfirma ihm einen seiner besten Mitarbeiter ausgespannt habe. Er fürchtete, daß dieser Mitarbeiter schwer zu ersetzen sei. Ich fragte Tony, was man dem Mann raten könnte.

Tony fragte den Mann, ob er sauer sei, und der Mann antwortete mit Ja. Dann fragte er weiter: »Wenn Sie irgendwo auf der Welt sein könnten, wo Sie wirklich entspannt und friedvoll wären, wo würde das sein?« Die Antwort lautete: »Hawaii.« Tony schlug dem Manager vor, die Augen zu schließen und sich vorzustellen, er wäre jetzt in Hawaii, ganz entspannt, eins mit dem warmen Sand, dem Himmel und dem Wasser. Dann fuhr er fort: »Sie können gar nicht entspannt sein und ein friedliches Gefühl haben, solange Sie noch wütend sind. Sie werden aber solange keine richtigen Entscheidungen treffen können, bis Sie nicht wirklich vergeben, und zwar nicht nur ihrer Konkurrenzfirma sondern auch dem Mitarbeiter, der ihnen weggeschnappt wurde. Vergeben bedeutet loslassen – den Vorfall wegfließen lassen.«

Später kam der Manager auf mich zu und sagte: »Jerry, wenn du mir dasselbe gesagt hättest, hätte ich gar nicht darauf gehört, aber bei einem zwölfjährigen Jungen hört sich das so einfach und einleuchtend an.«

Die meisten von uns leben in der ständigen Panik, von allem und jedem angegriffen zu werden. Wie können wir diese angstvollen Gedanken loswerden? Es ist nicht so kompliziert, wie wir denken, vorausgesetzt wir sind gewillt, unser altes Glaubenssystem aufzugeben. Wie wir gesehen haben, haben Kinder das Talent, kompliziert scheinende Dinge einfach und klar zu machen. Vergebung heißt die Antwort. Durch sie kommt das Wunder der

Liebe zustande. So können wir unsere Beziehungen heilen und erkennen, daß es keine Trennung gibt.

Erst wenn wir aufhören, anderen und uns selbst Schuld zu geben, können wir die Liebe leben und diese weitergeben. Erst wenn wir alle unsere Beziehungen geheilt haben, können wir in völliger Liebe leben. Vergebung ist der Schlüssel zum Glück, denn sie öffnet alle Schuld- und Angstblockaden und läßt uns in einer Welt leben, in der die Liebe alles umfängt.

Check-Liste für die Heimreise zu Gott

Es gibt Zeiten, in denen ich nicht daran glaube, daß mir Vergebung hilft, und wo ich mich dazu entschlossen habe, meinen Ängsten nachzugeben. Vor nicht allzu langer Zeit befand ich mich in einem äußerst deprimierten Zustand, denn ich fühlte mich von einer mir sehr nahestehenden Person verletzt und abgelehnt. Es war ein sehr reales Gefühl und hatte, meiner Meinung nach, mit Illusion nichts zu tun; und es schien auch nicht so, als könnte ich etwas dafür, sondern so, als hätte mir jemand tatsächlich wehgetan. Die Prinzipien, die ich in diesem Buch erwähnt habe, erschienen mir alle hohl und leer. Ich war festgefahren und schien weder in der Lage noch willens zu sein, meine Meinung zu ändern. Ich spürte auch Gottes Gegenwart und Seine Liebe nicht mehr und begann sogar an Seiner Existenz zu zweifeln. Es kamen mir alle möglichen Zweifel und ich begann mich zu fragen, ob ich wirklich wußte, was es bedeutete, sich auf dem spirituellen Pfad zu befinden.

Später, als ich endlich fähig war, mich zu beruhigen und um Hilfe und inneren Beistand zu bitten, schrieb ich folgende Check-Liste für die Heimreise zu Gott. Ich brauche nicht zu erwähnen, daß ich bei allen zehn Punkten durchgefallen war, und ich begann zu erkennen, mit welchen Tricks mir mein Ego vorzumachen versuchte, ich wäre von Gott getrennt. Ich fand es sehr hilfreich, mir jeden Tag einen der Punkte vorzunehmen und zu versuchen, ihn auf alle Lebenssituationen anzuwenden.

Check-Liste

1. Bin ich dazu bereit, jedes Problem – ganz gleich wie es gelagert ist –, alle Schuld, jeden Schmerz und jede Frustration als Ausdruck meines Egos zu sehen, das vor Gott Angst hat und von Ihm losgelöst sein will? Bin ich bereit, Verantwortung für das, was ich erkenne, zu übernehmen?

2. Halte ich an Schuldgefühlen fest und urteile andere oder mich selbst ab – oder übe ich Vergebung?

3. Vertraue ich wirklich darauf, daß Gottes Wille mir sofort vollkommenes Glück bringt?

4. Sehe ich den Sinn meiner Beziehung mit Ihm immer darin, daß ich mich mit Ihm verbinde und nicht von ihm ablöse?

5. Ist mein Interesse, das ich an anderen Menschen habe, genauso stark, wie das Interesse an mir selbst, oder mache ich mir nur Gedanken über die Bedürfnisse meines Egos?

6. Bin ich eher am Haben als am Geben interessiert?

7. Versuche ich jemanden in meinem Leben zu kontrollieren und zu manipulieren!

8. Stelle ich eher Ansprüche, als daß ich Liebe gebe?

9. Habe ich wirklich den Glauben und das Vertrauen, daß Gott mich vollständig und für ewig liebt?

10. Will ich *meinen* Lebensplan durchführen, oder bin ich dazu bereit, Gottes Plan für mein Leben zu akzeptieren?

Vergebung üben durch mentale Vorstellung

Viele Leute haben mir erzählt, daß folgende mentale Übung zur Vergebung für sie von großem Nutzen war.

Schließe deine Augen. Stelle dir vor, du säßest vor einem ganz speziellen Mikroskop. Du schaust in das Mikroskop hinein und siehst deine eigenen Herzzellen; schau genau hin, die runden Zellen haben alle lachende Gesichter. Die Gesichter lachen, weil sie alle voller Liebe sind. Sie haben alles, was sie brauchen, in sich; sie benötigen nichts von außen. Ihre Liebe strömt aus ihnen heraus und wächst ständig. Sie stellt keine Fragen und spricht keine Verurteilungen aus. Jede Zelle ist ein Mikrokosmos von dir und mir. Unsere Identität ist, gleich der der Zellen, die grenzenlose Liebe; wir brauchen dazu keinen Stimulus von außen.

Wenn du mittels deiner Vorstellungskraft genau hinsiehst, wirst du erkennen können, wie die Energie der Liebe in den Zellen als weißes Licht ausstrahlt und heller und heller wird. Sieh, wie das weiße Licht die Außenmembran der Zelle durchbricht und sich mit dem weißen Licht aller anderen Herzzellen verbindet. Du siehst jetzt dein Herz als wunderschönes, pulsierendes weißes Licht, das immer heller wird. Dieses Licht ist der Widerschein der Liebe Gottes. Sag' zu dir leise: »Ich bin das Licht der Welt.«

Versuche jetzt dein Vorstellungsvermögen noch zu steigern. Stell dir vor, daß das Licht zu allen anderen Zellen in deinem Körper dringt. Dein Körper verwandelt sich in einen Lichtstrahl. Als nächstes siehst du, wie dein Licht sich mit allen anderen Lichtern im Universum verbindet, bis es nur noch ein universelles Licht gibt – das immer heller und heller wird.

Jetzt denke an jemanden, der dich ärgert oder deprimiert – jemand, dem du noch nicht vergeben hast. Laß deine Schuldgefühle dieser Person gegenüber los. Hast du ihr wirklich wehgetan oder hat sie dich wirklich verletzt? Laß deine Vergangenheit los und begreife sie als einen Traum, aus dem du erwacht bist. Stelle dir vor, daß diese Person in das Licht hineingeht, selbst zum Licht wird und, wenn du dir das vorgestellt hast, sag zu dir selbst:

Ich vergebe dir *und* mir – wir sind beide eins.

Jetzt kann ich sagen: »Ich bin die Schuld los«.

Der letzte Kasten in diesem Kapitel macht einige Vorschläge, wie man die Prinzipien der Wahrheit lebendig macht. Diese Vorschläge kann man als tägliche Richtschnur betrachten – eine Hilfe, um die Gedanken des Geistes unter Kontrolle zu haben und die Lektionen dieses Buches auf jeden Tag anzuwenden.

Vorschläge, wie man die Prinzipien der Wahrheit lebendig macht.

1. Wenn du am Morgen aufwachst, erinnere dich selbst sofort daran, daß der innere Frieden und der Friede Gottes alles ist, was du heute willst.

2. Um zu diesem Frieden zu kommen, laß von all den negativen Gedanken ab, die dir beim Aufwachen in den Sinn gekommen sein mögen – Angst, Schuld und Schmerz.

Schließe deine Augen und stell dir die Sonnenstrahlen vor, die Gottes Liebe als Lichtstrahl in die Mitte deines Herzens geschickt hat.

Fühle das Licht der Liebe aus deinem Herzen in deinen ganzen Körper strömen.

Erlebe, wie das Licht aus dir heraustritt und sich mit jedem Lebewesen – ohne Ausnahme – verbindet.

3. Erinnere dich daran, daß Gottes Wille für heute vollkommenes Glück bedeutet. Geh mit einem fröhlichen Gesicht und Herzen hinaus in die Welt und teile dort dein Glück mit allen anderen, die du triffst.

4. Beschließe für heute, daß du Leuten oder bestimmten Situationen keine Chance gibst, dich unglücklich und deprimiert zu machen.

5. Gib dir, nachdem du das am Morgen gelesen hast, zehn Minuten der Ruhe, damit du diese Vorschläge verinnerlichen kannst.

Versuch dich den Tag über, wenn möglich stündlich, an diese Prinzipien zu erinnern und wende sie auf deine Aktivitäten an.

Nimm dir am Abend vor dem Zu-Bett-Gehen wieder zehn Minuten Zeit, um die Lektionen noch einmal durchzugehen. Laß alle negativen Gedanken des Tages los. Entspanne dich dann und erfahre den Frieden Gottes.

Zweiter Teil:
14 Lektionen

Einleitung

Die folgenden vierzehn Lektionen zeigen Möglichkeiten auf, wie wir die Konzepte aus Teil I auf Situationen des täglichen Lebens direkt anwenden können.

Am Ende jeder Lektion findest du Schritte, wie man die Tageslektion in unsere alltäglichen Lebenserfahrungen integrieren kann. Es ist nicht erforderlich, daß du alle Schritte befolgst. Manche Schritte liegen dir wahrscheinlich eher als andere. Das Wichtigste ist, daß du dein Bestes gibst und keine *Schuldgefühle* darüber entwickelst, daß du nicht genügend Fortschritte machst, die Schuld sein zu lassen.

Diese Lektionen können uns dabei helfen, daß wir lernen, für das, was wir sehen und erfahren, selbst verantwortlich zu sein. Wenn wir diese Verantwortung erkennen und akzeptieren, haben wir wieder die freie Wahl, uns zu entscheiden – Vergebung statt Schuld, Friede statt Konflikt. Und wir können die grenzenlose Kraft der Liebe durch das Heilen von Beziehungen erleben.

Lektion 1: Vergebung beendet das Spiel der Schuld und bringt Heilung

> Die Schuld ruft nach Bestrafung und ihrer Bitte wird stattgegeben.

Heilen heißt zusammenführen, ganz werden. Das Heilen ist deshalb Aufgabe des Geistes, nicht des Körpers.

Das größte Hindernis auf dem Weg, inneren Frieden zu finden und das Einssein mit der Liebe zu erleben, ist unsere Angst vor Gott. Weil wir glauben, wir wären von Gott getrennt, fühlen wir uns schuldig und befinden uns im Konflikt und in Konkurrenz miteinander – das ist die Grundlage all unserer Schwierigkeiten, egal welcher Natur sie sind.

Heilung ist ein Prozeß, durch den unser Geist von seinen negativen Gedanken der Schuld und der Angst gereinigt wird, jene verurteilenden Gefühle also, die uns so verletzbar, einsam und zerrissen machen.

Durch Vergebung wird dieser Prozeß in Gang gebracht. Sie erlaubt dem Geist, der sich selbst als gespalten und losgelöst begreift, wieder ganz zu werden.

Wahre Heilung korrigiert daher die Fehleinschätzung, daß unser Geist etwas von allem anderen Losgelöstes darstellt, und bringt uns zu unserem natürlichen Zustand zurück, in dem sich der Geist in Liebe mit allen anderen und mit Gott verbindet. Heilung erfordert deshalb unsere ständige Erinnerung daran, daß der einzige Zweck des Zusammenseins mit anderen darin liegt, daß wir uns ohne gegenseitige Verurteilungen miteinander verbinden.

Der geheilte Geist

Der geheilte Geist kennt keine Trennung mehr. Da er nur noch Gottes liebende Gedanken in sich trägt, ist er friedvoll, ohne Schuld, Schmerz und Streit.

Er steht im perfekten Einklang mit der Vollkommenheit der Liebe. Er negiert seinen Körper nicht, betrachtet ihn jedoch als neutralen Träger für die Kommunikation von Liebe ohne den störenden Einfluß von Konflikten.

Das Spiel der Schuld

Alle Konfliktsituationen, die wir mit anderen Menschen erleben, sind, gleich welche Formen sie annehmen, nur Variationen über ein Thema: das Spiel der Schuld. Unser Ego kämpft nur immer mit derselben Frage: Wer ist schuldig? Wer ist unschuldig? Mit wem sind wir in Sicherheit? Und wen haben wir zu fürchten? Unsere Schuldzuweisungen basieren auf den Interpretationen früherer Erfahrungen, die wir in die Gegenwart hineinschleppen und wieder von neuem erleben. Unser Ego weigert sich anzuerkennen, daß alles, was wir sehen und hören, im Inneren seinen Anfang nimmt – nämlich als Gedanke in unserem Geist. Da unser Ego vom Angriff lebt, bestraft es auch jeden, den es für schuldig hält – ob sich selbst oder andere – mit Angriffen. Wenn Schuld keinen Wert mehr für uns darstellt, können wir endlich die Unschuld bei anderen und bei uns selbst suchen. Wenn wir der Schuld Lebewohl sagen, können wir die Liebe willkommen heißen.

Der Geist kontrolliert den Körper

Der Sinn von Vergebung ist, den Geist zu heilen, nicht den Körper. Wenn wir einmal der anderen Person und uns selbst vergeben haben und wir dadurch auch von unseren aggressiven

Gedanken und unseren Schuldgefühlen loslassen können, kehrt der Geist zu seinem ursprünglichen, liebenden Zustand zurück. Damit verschwindet die Notwendigkeit zu leiden, und auch der Körper, der in Harmonie dem Geist folgt, kann von Schmerz und Krankheit geheilt werden.

Wenn wir Schmerz empfinden, ist dabei die schlimmste Erfahrung die, lernen zu müssen, daß nicht unser Körper den Geist kontrolliert, sondern umgekehrt der Geist den Körper kontrolliert. Dies zu akzeptieren, fällt besonders schwer, wenn wir an einer schlimmen organischen Krankheit leiden, die den körperlichen Schmerz real erscheinen läßt.

Mildreds Entscheidung

Ich hatte eine Einladung zu einem Vortrag im Rahmen einer zweitägigen Konferenz in einem anderen Bundesstaat angenommen. Es war geplant, daß mich die Leiterin der Konferenz, eine Frau, die ich Mildred nennen will, vom Flughafen abholen und zum Konferenzgebäude fahren sollte.

Als ich am Flughafen ankam, war jedoch von Mildred nichts zu sehen. Plötzlich kam ein Mann auf mich zu und erzählte mir, daß er Mildreds Mann sei. Er erklärte mir, daß er für Mildred gekommen sei, da sie ein paar Tage zuvor an einer Gallenblasenkolik erkrankt sei. An diesem Nachmittag sollte sie operiert werden.

Da ich bis zum Beginn meines Vortrags noch ein paar Stunden Zeit hatte, fragte ich den Mann, ob ich Mildred noch vorher sehen könnte. Als wir bei Mildred zu Hause ankamen, begrüßte sie uns mit schwacher Stimme und erzählte uns, daß sie auf einen Anruf ihres Arztes wartete, der ihr Bescheid geben wollte, ob ein Krankenhausbett für sie frei wäre. Sie befand sich offensichtlich in einem schlechten Zustand, hatte Schmerzen und war ganz blaß im Gesicht.

Wir sprachen kurz miteinander, und ich schlug ihr vor, sich zu entspannen, indem sie sich nur auf positive Gedanken konzentrieren und beim Einatmen »ich bin« und beim Ausatmen »entspannt« sagen sollte. Nachdem wir diese kleine Meditation zusammen ein paar Minuten lang gemacht hatten, war sie in der Lage, ihren Spannungszustand ein wenig zu lösen.

Danach fragte ich sie, ob sie vor dem Ausbruch der Krankheit irgendeine außergewöhnliche Streßsituation erlebt hatte. Sie erzählte mir, daß sie mit ihrem Chef, einem Arzt, für den sie fünfzehn Jahre lang als Sprechstundenhilfe gearbeitet hatte, eine große Auseinandersetzung gehabt habe.

Sie erzählte mir weiter, daß sie kürzlich die Erlaubnis bekommen hatte, die Praxis neu zu gestalten – eine Aufgabe, die sie mit großem Vergnügen übernahm. Sie fügte hinzu, daß es ihr besonderen Spaß machte, die »schrecklichen« Bilder von der Wand zu nehmen, die die Schwester ihres Chefs vor ein paar Jahren aufgehängt hatte.

Sowohl Mildred als auch ihrem Chef gefiel die neugestaltete Praxis sehr gut. Kurz nach der Renovierung jedoch kam besagte Schwester zu Besuch in die Praxis und sah, daß ihre Bilder abgehängt worden waren. Es kam zu einer größeren Meinungsverschiedenheit, bei der – wie man nicht unschwer erraten kann – sich der Arzt auf die Seite seiner Schwester stellte und anordnete, die Bilder müßten wieder an ihren ursprünglichen Platz zurück. Mildred empfand dies als klaren Affront gegen sich und kündigte sofort.

Mildred brachte aber diese Geschichte nicht in Zusammenhang mit dem Beginn der Gallenblasenkolik. Sie sah beides als zwei voneinander losgelöste Ereignisse an. Ihr war nicht bewußt, daß sie sich wegen ihrer Zornreaktion schuldig fühlte und daß auch diese Schuldgefühle »schuld« daran waren, daß sie das Bedürfnis danach verspürte, sich selbst zu bestrafen und anzugreifen. Stattdessen glaubte sie, daß sich in ihrem letzten Zornesausbruch schon die schmerzvolle Gallenblasenkolik angekündigt hatte, die jetzt auch ihre Teilnahme an der Konferenz verhinderte, einer Veranstaltung, für deren Zustandekommen sie so hart gearbeitet und auf die sie sich schon so gefreut hatte.

Ich schlug Mildred vor, ihr altes Glaubenssystem in Frage zu stellen. Anstatt ihren früheren Chef als feindselig zu betrachten, sollte sie ihn lieber als jemanden sehen, der ihre Hilfe braucht. Ich erinnerte sie auch daran, daß sie nicht vergeben mußte – sie mußte nur zur Vergebung bereit sein, und dann würde ihr innerer Meister, die Stimme der Liebe, schon das Übrige tun.

Ich nahm ihre Hände, und wir beteten zusammen. Ich bat Gott nicht darum, Mildreds Schmerzen zu lindern, sondern dankte ihm für seine Gegenwart und die Verbindung, die Mildred und ich mit Ihm erleben durften. Nach etwa zwanzig Minuten der Stille öffnete Mildred die Augen und erklärte, sie empfände einen »solchen Frieden«, daß ihre Schmerzen völlig verschwunden waren.

Kurz danach klingelte das Telefon und Mildred hob den Hörer ab. Es war ihr Arzt, der sie sprechen wollte. Zuerst erkannte er ihre Stimme gar nicht, denn sie war nicht länger schwach und schmerzerfüllt, sondern voller Energie und Lebenskraft. Er rief an, um ihr zu sagen, daß nun für sie ein Bett im Krankenhaus frei wäre. Als Mildred ihm erzählte, sie hätte keine Schmerzen mehr, sondern würde sich im Gegenteil so gut fühlen, daß sie auf einen Krankenhausaufenthalt verzichten wolle, war er sehr überrascht. Er akzeptierte ihre Entscheidung aber und sagte ihr nur, sie solle ihn wieder kontaktieren, wenn die Schmerzen wieder auftauchen sollten.

Tatsächlich fühlte sich Mildred so gut, daß sie die ganze zweitägige Konferenz mitmachen konnte. So wurde sie für uns alle zum lebendigen Beispiel dafür, wie der Geist über den Körper triumphiert. Seit dieser Zeit blieben wir weiter in engem Kontakt miteinander, ihr Gallenblasenproblem ist seither nie wieder aufgetaucht.

Laura öffnet die Tür zur Glückseligkeit

Unser Ego besitzt großes Geschick darin, uns Verhaltensweisen zu suggerieren, die sein Überleben garantieren. Eines der wichtigsten Überlebensingredienzien ist die Angst, denn ohne Angst würde das Ego aufhören zu existieren. Angst lebt immer von der Vorstellung, daß wir angegriffen werden, und unser Ego rät uns in einer solchen Situation, entweder ängstlich defensiv zu sein oder zurückzuschlagen.

Lauras Brief zeigt uns, daß es uns nie aus dem Grund schlecht geht, den wir für die Ursache halten, und daß das Heilen von Beziehungen von zwei Dingen abhängt: der Vergebung und dem Loslassen von Schuld.

Lieber Dr. Jampolsky,
von jeher bin ich sehr spirituell veranlagt gewesen. Aus einer jüdischen Familie kommend, war ich immer dafür offen, jede sich mir bietende Chance zu nutzen, ins »Nirwana« einzutauchen.

Im März 1981 – schon achtzehn Monate zuvor hatte ich mich von meinem Mann getrennt, was schließlich mit einer Scheidung endete – erfuhr ich, daß meine Mutter Magenkrebs hatte und sofort operiert werden mußte. Ich flog nach Florida, um bei ihr zu sein.

Zur gleichen Zeit hatte ich eine emotionale Beziehung zu einem Mann, der, obwohl er in mancher Beziehung ein wundervoller Mensch war, meiner Gefühlswelt gegenüber sehr negativ eingestellt war. Das machte mir wahrscheinlich noch mehr zu schaffen, als der mögliche Verlust meiner Mutter, die ich sehr liebte und brauchte.

Um Ihnen einen Eindruck davon zu vermitteln, wie verwirrt ich war: Ich hatte einen Traum, in dem mich mein früherer Mann, mein Freund und mein Therapeut hochhielten und Jesus mich mit seinen Fingerspitzen berühren wollte, doch wir kamen nicht zusammen. Ich wehrte mich dagegen. Ich war noch nicht bereit aufzugeben, hatte aber das Gefühl, daß alle das von mir wollten. Ich fühlte mich wie zermalmt und bekämpfte den Tod auf selbstzerstörerische Weise.

Ich suchte meinen Therapeuten auf, der mir in seinem Bemühen, mir zu helfen, riet, darüber zornig zu sein, wie mich die Leute behandelten.

Ich fuhr zum einzigen friedlichen Ort, den ich kannte – einem See –, und begann, meinen Körper und meinen Geist zu reinigen. Alles war plötzlich hell erleuchtet! Ich begann zu vergeben, loszulassen, und verstand mit einem Mal, was das Wort Taufe bedeutete – die Botschaft, die hinter Yom Kippur stand: Gott vergab mir. Alles, was ich zu tun hatte, war, allen anderen zu vergeben.

Das tat ich dann auch. Ich vergab meinem Mann und meinem Freund, der sich über mich lustig machte, als ich ihm von meinem Erlebnis erzählte.

Es machte aber nichts, daß er mir nicht glaubte, denn ich glaubte es. Ich wußte es. Ich war das Licht, ich war gereinigt, ich war wiedergeboren. Ich war friedvoll und glücklich.

Sie haben mir gezeigt, wie man Vergebung findet. Sie haben mich daran erinnert, daß jemand, der mich angreift, in Wirklichkeit nicht mich, sondern sich selbst angreift – aus dem Gefühl der Angst, der Schuld und der Machtlosigkeit. Sie lehrten mich, diesen Menschen noch mehr zu lieben, weil er die Liebe dringend brauchte. Je mehr eine Person »angreift«, desto mehr Liebe hat sie nötig, und desto mehr sollte ich auf sie zugehen und sie beruhigen.

Ich liebe sie beide immer noch. Ich kann ihren Schmerz nachempfinden. Manchmal kann ich ihnen sogar helfen, doch ich fühle mich von ihnen nie mehr bedroht.

Zwei Jahre später erzählte mir dieser Freund, daß er allmählich zu realisieren beginnt, daß ich ihm tatsächlich vergeben habe, aber daß er mir damals nicht glauben konnte, weil er sich selbst noch nicht vergeben hatte. Jetzt war er dazu in der Lage und konnte auch meine bedingungslose Liebe und Vergebung akzeptieren.

Ich danke Ihnen, daß Sie mir dabei geholfen haben, die »Tür zu öffnen«.

Laura

Laura erzählte mir außerdem, daß sie wenige Stunden nach ihrer »Wiedergeburt« einen Mann kennenlernte, der zwei Jahre später ihr Ehemann wurde. In der Rückschau fügte sie noch hinzu:

Ich weiß jetzt, was geschehen ist. Ich wurde darauf vorbereitet, ein »Geschenk« von Gott zu erhalten. Ich mußte mein altes Leben beenden und Frieden mit jedem schließen – mit mir und mit Gott –, um bereit zu sein, das »Geschenk« zu empfangen.

Vergebung heilt und beendet das Spiel der Schuld.

Die Welt, die ich durch die Augen der Schuld und Unversöhnlichkeit sehe, ist wirklich sehr bedrohlich. Es gibt jedoch eine andere Perspektive, aus der man dieselbe Welt betrachten kann. Ich kann mir vertraute Menschen oder Dinge betrachten, als sähe ich sie zum ersten Mal. Ohne Schuldgefühle und ohne unversöhnliche Gedanken aus der Vergangenheit kann ich die Schönheit, die Freude und die Zufriedenheit um mich herum vollständig erfahren.

Schritte, wie wir diese Lektion in unsere Alltagserfahrungen integrieren können

1, Identifiziere dich mit jemanden, der heute das Spiel der Schuld spielt. Entschließe dich, dieser Person für alles, was sie dir vermeintlich angetan hat, zu vergeben, und sage dir wiederholt vor: Vergebung heilt und beendet das Spiel der Schuld.

2. Denke an jemanden, dem du noch nicht vergeben hast. Sage dieser Person persönlich: »Bitte hilf mir dabei, die Vergangenheit zu vergessen, und verbrüdere dich mit mir in Liebe.« (Wenn es nicht möglich ist, den Menschen persönlich zu sprechen, tue es in deiner Vorstellung.)

3. Denk an ein bestimmtes Ziel, das du mit einer anderen Person erreichen willst, und denke an mindestens zwei Möglichkeiten, wie du dabei Liebe und Frieden verbreiten kannst.

4. Nimm dir fest vor, dich heute mit einer Person zu verbinden, sei es dein Lebenspartner, dein Kind, eines deiner Eltern, ein Freund oder ein Kollege von dir – und führe dieses Vorhaben auch aus.

5. Wiederhole für dich, immer wenn du Schuld, Angst oder unversöhnliche Gedanken erfährst, folgende Aussage: »Hiermit befreie ich dich (Name der Person) und mich selbst von der schuldvollen und unversöhnlichen Welt. Zusammen können wir eine geheilte Welt – ohne Schuld – erleben.

Lektion 2: Wenn ich die Liebe wähle, bin ich frei von Furcht

> Jeder Zorn ist nichts anderes als der Versuch, jemandem Schuldgefühle einzuflößen.

Wir haben die Wahl zwischen Freiheit und Knechtschaft. Wir wählen entweder die Liebe oder die Angst und die Schuld. Unser Ego, beziehungsweise unser Persönlichkeits-Selbst, will nicht, daß wir diese Wahlmöglichkeit erkennen. Es versucht, uns glauben zu machen, daß wir in einer Welt leben, in der es unmöglich ist, frei von Angst zu sein. Ständig ermuntert es uns in dem Glauben, daß Angst nicht nur etwas Reales, sondern sogar etwas Notwendiges, Normales und Gesundes darstellt. Es besteht darauf, daß es äußere Umstände gibt, die sich unserer Kontrolle entziehen, und daß uns, sind wir erst mal in diese Umstände verwickelt, gar keine andere Wahl bleibt, als Angst zu haben. Wenn es nach unserem Ego geht, ist die Furcht nicht eine von zwei Wahlmöglichkeiten, sondern ein unvermeidbarer Teil unserer Lebenserfahrung.

Allzu häufig vergeht in unserem Leben wieder ein Tag, an dem wir, trotz aller guten Vorsätze, auf dem spirituellen Pfad zu wandeln, die Angst als Gefährten wählen und es wieder zulassen, daß unser Ego die Oberhand behält. Wenn mir das passiert, habe ich das Gefühl, die Welt bricht zusammen. Es entsteht in mir eine Unruhe und ein Angstgefühl, das mir tief in den Knochen steckt. Wenn es in diesen Momenten jemand wagt, mir weiszumachen, daß dieses Gefühl meiner freien Entscheidung obliegt und nicht das Resultat irgendwelcher schlimmen Dinge ist, die mir zugestoßen und außerhalb meiner Kontrolle sind, so denke ich bestimmt, daß diese Person keine Ahnung davon hat, wie es im Leben wirklich zugeht. Unser Ego täuscht uns darin so gut, uns davon zu überzeugen, daß unsere Gefühlsreaktionen von Leuten oder Dingen beeinflußt sind, die außerhalb von uns liegen und nichts mit unseren innersten Gedanken zu tun haben.

Ein anderer Weg, die Welt zu betrachten, ist der, uns darüber bewußt zu werden, daß sowohl Liebe als auch Furcht Wahlentscheidungen sind und daß wir unseren Geist dazu bringen können, eine Entscheidung in die eine oder andere Richtung zu treffen. Dazu müssen wir uns immer wieder vergegenwärtigen, daß unser Glaubensgebäude dafür verantwortlich ist, was wir sehen, und nicht die äußeren Verhältnisse. Es sind unsere eigenen Gedanken über diese Verhältnisse, die darüber bestimmen, ob wir Frieden oder Konflikt, Liebe oder Angst erfahren. Folgendes Zitat aus dem »Kurs« fand ich immer äußerst hilfreich, um der Versuchung zu widerstehen, ständig zu bewerten und zu verurteilen und damit furchtsam zu werden:

»Was nicht Liebe ist, ist immer Angst, und nichts anderes.«

Dieses Konzept ist so herrlich einfach, daß mein Ego-Verstand dauernd dagegen revoltiert. Es gibt jedoch Momente, in denen ich mein Herz der Liebe Gottes öffnen will und nur darauf höre, was Seine Worte mir auftragen, was zu denken, zu sagen und zu tun ist. Während dieser Zeit erlebe ich, wie der Frieden in meinem Leben immer größer wird.

Dabei trug mir in diesen Gebeten zu Gott meine innere Stimme noch nie auf, andere Menschen verändern zu müssen oder ihnen einzureden, was sie zu tun haben – etwas, was ich früher immer für meine Aufgabe hielt. Stattdessen fordert sie mich auf, »aufzuwachen« und die Gegenwart des Lichtes Gottes in meinem Inneren zu spüren, ein Licht, das auf das ganze Universum scheint und wieder zu mir zurückkommt. Meine innere Stimme macht mir außerdem klar, daß ich ein Kind Gottes bin und daher mit allen anderen Kindern zu *einem* Selbst verschmelze.

Spirituelle Führer

Die meisten spirituellen Führer der Menschheitsgeschichte hatten eines gemeinsam: ihre völlige Hingabe zu Gott und zum Prinzip der Vergebung gegenüber der Welt und jedem, der in ihr lebt. Mein Ego konnte sich noch nie mit der häufig zitierten Aussage eines dieser Führer, Jesus, anfreunden, der sagte, daß wir alle das tun können, was er in seinem Leben getan hat, und sogar noch mehr. Dies klang rhetorisch wunderschön, doch ich hatte nicht das Gefühl, daß es auf mich zutreffen könnte. Wie könnte ich es jemals schaffen, so völlig zu vergeben und so versöhnlich zu sein wie Jesus?

Rationalisierungen

Mir wird klar, daß fast alle von uns so denken oder gedacht haben. Wir würden gerne die Idee akzeptieren, andere nicht zu verurteilen und immer völlig zu vergeben, doch in Wirklichkeit glauben wir: »Das klappt vielleicht bei den wenigen religiösen Führern der Weltgeschichte und bei einigen anderen, die nicht so berühmt geworden sind, aber bei mir klappt das nie.« Und dann üben wir uns in Rationalisierungen und sagen skeptisch: »Früher, als diese ungewöhnlichen Figuren der Geschichte gelebt haben, war alles ganz anders; doch heute sind die Probleme, die sich uns stellen, viel komplexer und schwieriger.«
Ich glaube jedoch, daß die heutigen Probleme haargenau die gleichen sind wie vor tausend Jahren – nur ihre Ausprägungen haben sich verändert. Die Versuchung, andere zu verdammen und zu verurteilen, sich wie ein Schaf zu benehmen, das der Mehrheit hinterherläuft, anstatt seinem eigenen inneren Lehrer zu folgen, uns selbst zu kategorisieren und aufzuteilen in »Unschuldige« und »Schuldige« – dies sind dieselben Themen, die die Menschheit schon seit jeher zu bewältigen hatte.

Feste Bindung

Meine Bindung zu Gott war nicht immer stabil, doch in Momenten, in denen ich mich fest und ohne Vorbehalte Gott verpflichtet habe, spürte ich ein herrliches Gefühl der Ganzheit und des Einsseins. Mein Geist verbindet sich dann mit allen anderen und verbreitet Liebe und Freude. Wenn ich Zorn in mir verspüre, kann ich die Stimme der Liebe, die Stimme Gottes nicht mehr hören. Ich muß mich ständig daran erinnern, daß Zorn, und mag er auch noch so gerechtfertigt erscheinen, niemals den inneren Frieden bringt, den ich mir wünsche.

Kürzlich sprach ich mit Mutter Teresa über meinen Wunsch, mich Gott vorbehaltlos zu verpflichten und mich ihm völlig hinzugeben. Sie war sehr warmherzig und sagte mir, daß ich mit mir selbst zu hart wäre. Sie erklärte: »Wichtig ist, die echte Absicht zu zeigen, unser Leben Gott hinzugeben. In unserer Welt zu leben, bedeutet aber, daß wir uns unmöglich die ganze Zeit Gott widmen können. Was zählt, ist die echte Absicht.«

Geben und Vergeben

Wir können die friedvolle Gegenwart Gottes spüren, wenn wir uns nur für einen Moment vornehmen, zu geben und zu vergeben – anstatt haben zu wollen und zu beschuldigen. Je mehr wir geben und herausfinden, daß Geben Empfangen bedeutet, desto mehr erkennen wir, warum es so wichtig ist, von unseren Investitionen in Schuld und Verurteilungen abzulassen. Wenn wir das tun, wird uns klar, daß wir für unsere Freiheit und unser Glück Verantwortung übernehmen müssen, da nur unsere eigenen Gedanken uns wehtun können.

Nur unsere eigenen Gedanken bestimmen, ob unser Geist mit dem anderen Menschen in Liebe verbunden ist, oder ob wir weiter in einer Welt leben wollen, die nur aus Trennung besteht und in der wir ständig verletzbar gegenüber Angriffen bleiben. Diese bewußte Wahrnehmung unser eigenen Verletzbarkeit verwehrt uns in Wahrheit aber das Erleben des göttlichen Friedens.

Als Beispiel für das oben Genannte würde ich gerne ein Erlebnis erzählen, das ich letztes Jahr mit einer Telefongesellschaft hatte, in dem ich mich dafür entschied, mich angegriffen zu fühlen, und damit nur Schuld, Zorn und Angst erntete. Jedesmal, wenn ich denke, ich hätte der Telefongesellschaft vergeben, wird meine echte Bereitschaft zu vergeben erneut auf eine harte Probe gestellt.

Vor ein paar Monaten trug sich folgende Episode zu. Ich hatte mein Büro zu Hause und hatte deshalb auch zwei Telefonanschlüsse. Beide Telefone entwickelten zueinander Interferenzen, so daß ich auf beiden nichts mehr hören konnte. Meine Sekretärin rief den Reparaturdienst an, doch trotz seines prompten Erscheinens trat derselbe Fehler nach zwei Stunden wieder auf. Am nächsten Tag kam der Reparaturdienst wieder, doch mit demselben Ergebnis. Kurz, nachdem sie das Büro verlassen hatten, waren die Telefone wieder kaputt.

So ging das etwa zwei Wochen lang. Mit jedem Mal wurde ich frustrierter und spürte einen gerechtfertigten Zorn in mir hochkommen. Meine Gedanken kreisten nur noch um diese Angelegenheit und waren alles andere als versöhnlich.

Da ich mich als Opfer begriff und glaubte, mein innerer Friede hinge vom Funktionieren der beiden Telefone ab, war mir die Vorstellung, daß es nur meine Gedanken sind, die mir wehtun, ganz fern. Mir war klar, daß die Telefongesellschaft und ihre unfähigen Reparaturleute daran schuld seien, daß ich mich so unglücklich fühlte. Jeder Gedanke an Gott und die Liebe war wie weggeblasen.

Eine Woche später, nachdem ich schon jede Hoffnung auf ein gutes Ende dieser leidigen Geschichte aufgegeben hatte, kam ein neuer Reparaturmann in mein Haus. Ich war schon drauf und dran, auf ihn den Zorn über alle unfähigen Reparaturleute von vorher abzuladen, als mir plötzlich dämmerte, daß mein innerer Friede nicht vom Funktionieren der Telefone abhing. Es kam mir, daß ich eine sehr negative Aura um mich verbreitete und daß ich mir nur mehr Sorgen bereitete, wenn ich so unversöhnlich blieb. (Wie starrsinnig und trügerisch unser Ego-Verstand doch sein kann!)

Ich beschloß also, ihn mit den Telefonen allein zu lassen, mich an meinen Schreibtisch zu setzen und mich darauf zu konzentrieren, ihm Gedanken voll bedingungsloser Liebe zuzusenden. Ich versuchte, in ihm nur das Licht Gottes zu sehen.

Etwa vierzig Minuten später kam der Techniker zu mir herüber und sagte mir, daß die Telefone jetzt wieder gingen. Ich dankte ihm und dann erzählte er mir, daß er mich schon ein paarmal im Fernsehen gesehen hätte, wie ich über das Heilen von Einstellungen geredet hätte, und ich sollte ihm etwas mehr darüber erzählen. Als ich ihm von den Prinzipien der Heilung von Einstellungen erzählte, tauchte auch immer das Wort Vergebung auf, und wie wichtig sie sei, um unsere Einstellungen zu heilen. Diese Situation barg schon eine amüsante Ironie in sich – ich stand da und erzählte einem Menschen etwas über Vergebung und war doch selbst jemand, der eine Lektion darüber bitter nötig hatte! Bevor er ging, schenkte ich ihm ein Exemplar meines Buches *Liebe heißt die Angst verlieren,* was ihn, glaube ich, sehr freute.

Am darauffolgenden Tag waren meine beiden Telefone schon wieder kaputt und meine Sekretärin verständigte wieder den Reparaturdienst der Gesellschaft. An diesem Abend fand ich eine gedruckte Nachricht vor, daß der Reparaturservice dagewesen wäre, und dazu eine persönliche Mitteilung. Zu meinem Erstaunen war sie vom gleichen Mann, der auch schon am Vortag da war.

Das war das erste Wunder – sie schickten zwei Tage hintereinander denselben Mann zu mir. In der persönlichen Mitteilung waren noch weitere Wunder versteckt. Im ersten Absatz schrieb er, daß er nun endlich die Ursache des technischen Fehlers gefunden habe und daß die Telefone nun wirklich funktionierten. Im zweiten Absatz stand, daß, falls noch einmal etwas an den Telefonen kaputtgehen sollte, ich mich an den Chef der Reparaturabteilung wenden könnte. Dazu schrieb er dessen Namen und

Telefonnummer auf. Er würde dann persönlich die nötige Reparatur veranlassen.

Und der dritte Abschnitt enthielt ein weiteres Wunder. Dort schrieb er, daß ich ihn auch zu Hause anrufen könne, wenn aus irgendwelchen Gründen der Chef nicht zu erreichen sei. Daneben stand seine private Telefonnummer! Hat man das schon einmal erlebt, daß ein Telefonreparateur seine private Telefonnummer herausrückt? Und zu meiner zusätzlichen Überraschung stand darunter »In Liebe, Robert« und dazu ein P.S.: »Ihr Buch ist wundervoll. Es hat, zumindest für mich, einiges in Bewegung gebracht.«

Aus diesem Erlebnis habe ich eine Menge gelernt. Mir wurde sonnenklar, daß sich durch die Veränderung meiner Gedanken auch die Wirklichkeit veränderte. Und außerdem wurde mir bewußt, daß sich auch der Konflikt weiter fortgepflanzt hätte, wenn ich weiterhin aggressiv und unversöhnlich geblieben wäre. Ich machte es mir zum Ziel, wirklich frei zu werden, indem ich statt der Angst die Liebe als Richtschnur wählte.

Damit ich dieses wertvolle Erlebnis nicht vergessen würde – nämlich daß ich mir nur durch meine Gedanken wehtun kann – rahmte ich Roberts Mitteilung ein und hängte sie an die Wand meines Wohnzimmers, wo sie noch immer hängt. Es gab allerdings noch einen zweiten, heimlichen Grund, warum ich die Mitteilung einrahmte und aufhängte. Ich wollte seine Nummer nicht verlieren!

Wenn ich die Liebe wähle, bin ich frei von Furcht.
Fast mein ganzes Leben lang reagierte ich nur automatisch auf das, was andere Leute sagten oder taten. Jetzt erkenne ich, daß meine Reaktionen nur von den Entscheidungen bestimmt werden, die ich treffe. Ich behaupte nun meine Freiheit, indem ich auf die Kraft meiner Entscheidung baue, anderen Menschen und Situationen mit Liebe statt mit Furcht zu begegnen.

Schritte, wie wir diese Lektion in unsere Alltagserfahrungen integrieren können

1. Erkenne, daß jedes Gefühl, das du heute erlebst – sei es Liebe oder Frieden oder irgendeine Form der Angst (Zorn, Depression etc.) – von den Gedanken bestimmt wird, die du in deinem Kopf zuläßt. Entscheide dich dafür, nur die Gedanken zu haben, die du wirklich willst.

2. Erinnere dich stündlich daran, daß du frei von Angst bist, wenn du die Liebe wählst. Nimm diese Freiheit in Anspruch und ersetze deine ganze Angst durch die Gedanken der Liebe.

3. Wenn du das Gefühl hast, daß heute alles schief geht, halte für einen Moment inne und sage zu dir selbst: »Es sind nicht die anderen Menschen oder die Umstände, die mich unglücklich machen. Ich kann mich stattdessen für den Frieden entscheiden.«

4. Da du weißt, daß du nur durch deine eigenen Gedanken verletzt werden kannst, wirst du heute der Versuchung widerstehen, andere zu beschuldigen. Nutze stattdessen die Chance, dich und jeden anderen frei von Schuld zu sehen.

5. Wiederhole die Quintessenz dieser Lektion mindestens zweimal am Tag: Wenn ich die Liebe wähle, bin ich frei von Furcht.

Lektion 3: Heute werde ich mich nicht wieder selbst verletzen

Der schuldlose Geist leidet nicht.

Grundlegend für das Gedankengebäude des Egos ist der Glaube, daß die Welt draußen die Ursache für unseren Schmerz ist. Viele von uns wachen am Morgen mit dem angstvollen Gedanken auf: »Was wird mir heute wieder Schreckliches passieren?« Zeitungen, Radio und Fernsehen bombardieren uns ständig mit Berichterstattungen, die das Gefühl verstärken, daß wir in einer äußerst unsicheren Welt leben und wir uns ständig vor irgendeiner Art von Angriff in Acht nehmen müssen.

Da es unsere heutige Welt uns scheinbar unmöglich macht, einfach vertrauensvoll zu leben, haben die meisten von uns das Gefühl, daß es unser Schicksal ist, Schmerz und Verzweiflung zu erfahren. Unser Ego macht alles kompliziert. Sein Motto ist: »Suche, aber finde nie, was du suchst.« Es bestärkt uns darin, nur nach Fehlern zu suchen, und verstellt uns damit die Sicht, wahre Liebe zu finden.

Die Wahrheit ist, daß Liebe und Angriff nicht zusammen existieren können, obwohl uns das unser Ego permanent einreden will. Deshalb überzeugt es uns davon, daß, wenn wir unser Glück nicht finden, unsere Ängste, unsere Schuldgefühle und unser Unglücklichsein von äußeren Umständen oder anderen Menschen verursacht werden.

Solange wir die Welt so betrachten, werden wir uns immer wieder verletzt fühlen und werden unfähig dazu sein, beständigen, inneren Frieden zu erleben. Wenn wir uns von einem Glaubensgebäude lösen wollen, das Angst und Schuld als wirklich begreift, müssen wir gewillt sein, die Dinge in unserem Leben aus einem anderen Blickwinkel zu sehen.

Die Welt Gottes

Im Vergleich zu Gottes Welt der Liebe steht das Gedankensystem des Egos einfach auf dem Kopf, denn in der Welt Gottes ist die Liebe die einzige Wirklichkeit und für Schuld und Angst ist kein Platz mehr. Wenn wir das Gesetz der Liebe praktizieren, senden wir mit jedem Gedanken und jeder Tat Gottes Liebe aus. Wir suchen dann die Liebe und nicht mehr nach Fehlern. Und wir entscheiden uns dafür, über nichts und niemanden mehr ein Urteil zu fällen.

Veränderte Wahrnehmung

Am glücklichsten und friedlichsten bin ich in den Momenten, in denen ich mich daran erinnere, daß das einzige Wahre in meinem Geist das Licht Christi, das Licht Gottes ist. Wenn ich das vergesse, und andere verurteile, geht es mir schlecht. Ich fühle mich angegriffen, da ich vergessen habe, daß das Angegriffen-Werden nur in meinem Kopf stattfindet. Meine eigenen Angriffs-gedanken kehren einfach wie Bumerangs zu mir zurück, um mich zu treffen.

Im »Kurs in Wundern« gibt es eine Stelle, die ich als sehr hilfreich empfinde, wenn es darum geht, Dinge mit veränderter Wahrnehmung zu betrachten:

> Heute sehe ich alle Dinge aus der Sicht Christi
> Und ich werde kein Urteil über sie fällen, sondern
> in jedes das Wunder der Liebe einpflanzen.

Die Aussage erinnert mich daran, daß alles, was ich sehe, von den Gedanken bestimmt wird, für die ich mich bewußt ent-scheide. Wenn ich mich für Gottes Gedanken entscheide, strömt aus mir nur noch die Liebe – ohne Projektionen und Verurteilun-gen.

Kurz nach meiner Scheidung war ich noch mehr in der Betrachtungsweise meines Egos verfangen. Für mich bestand die Welt nur aus persönlicher Schuld, Verlust, Ablehnung und dem Fehlen von Liebe. Ich fühlte mich verwundet und nicht wert, geliebt zu werden. Ich hatte vielmehr das Bedürfnis zu beweisen, daß ich es nicht wert war, geliebt zu werden. Ich hatte kein Vertrauen mehr in die Frauen und – was noch wichtiger war – kein Vertrauen mehr in mich selbst.

Etwa eineinhalb Jahre nach meiner Scheidung machte ich mir vor, daß meine Wunden nun geheilt seien. Ich hatte das Gefühl, wieder etwas mehr Kontrolle über mein Leben zu haben, und glaubte, meinen Gefühlen wieder mehr vertrauen zu können. Etwa um diese Zeit lernte ich eine Frau kennen, die attraktiv, intelligent und von stabiler Persönlichkeit war – alles Attribute, die auf mich nicht zutrafen. Was mir fehlte, schien sie zu haben, und ich dachte, daß ich durch sie zur Erfüllung kommen könnte.

In der Erregung der starken gegenseitigen Anziehung, die wir empfanden, redeten wir uns ein, uns wäre diese Beziehung »vom Himmel« geschickt worden. Obwohl ich glaubte, endlich meinen inneren Frieden gefunden zu haben, trank ich nach wie vor heftig.

Später lernte ich, daß jede Beziehung, die auf der Befriedigung gegenseitiger Bedürfnisse und auf der falschen Vorstellung aufgebaut ist, daß es einem an etwas fehlt, was man sich vom anderen holen kann, in Wirklichkeit auf Haß beruht. Was wir in solchen Beziehungen Liebe nennen, ist in Wahrheit nur die Illusion von Liebe, die nur den Haß verdeckt, den wir über unsere eigene Unvollkommenheit empfinden.

Während ich mich noch immer im Bann dieser illusionären Liebe befand, tauchte ein anderer Mann auf. Obwohl ich spürte, daß meine Partnerin mich betrog, waren mir die Einzelheiten unklar. Als es schließlich zur Aussprache kam und meine schlimmsten Befürchtungen bestätigt wurden, hatte mein Ego wieder seinen großen Auftritt. Meine alten Gefühle, unfähig, unerwünscht und der Liebe nicht wert zu sein, nahmen wieder von mir Besitz. Kein Mensch hätte mich davon überzeugen können, daß ich weder von meiner Partnerin noch von ihrem neuen Liebhaber verletzt worden war. Ich konnte es einfach nicht glauben, daß es nur meine eigenen Gedanken waren, die mich verletzten.

Wenn wir es zulassen, daß unser Ego von uns Besitz ergreift – vor allem in unseren romantischen Beziehungen –, fressen uns Eifersucht und Besitzdenken auf. Wir glauben, daß die Person, die wir lieben, uns Schmerz zufügt. Wenn diese Person dann unbotmäßig viel Zeit mit jemand anderem verbringt, der interessanter und unterhaltsamer zu sein scheint als wir – zumindest nach unserer Selbsteinschätzung –, dann verwandelt sich unsere sogenannte Liebe in Haß. Und wenn die Person, die wir lieben, keine enge Beziehung zu uns mehr haben will und eine andere Person uns vorzieht, sind wir am Boden zerstört.

Das Ego erzählt uns ständig, daß wir von der anderen Person verletzt werden und daß unser Zorn seine Berechtigung hat. Wenn es nach dem Ego ginge, blieben wir unser Leben lang verletzbar, immer in der Furcht lebend, daß das gleiche noch einmal geschehen könnte, wenn wir es zuließen, daß jemand uns ganz nahe kommt. Das Ego lehrt uns, daß wir zu keiner anderen Person, nicht zu uns selbst und auch nicht zu Gott, Vertrauen haben können. Es will uns weismachen, daß sich die Vergangenheit immer wiederholt und daß wir nur dann sicher sind, wenn wir dem anderen nicht vergeben.

Es brauchte eine lange Zeit, bis ich erkannte, daß mich niemand verletzen kann außer mir selbst. Nur meine eigenen Gedanken und Einstellungen waren verletzend. Mangelndes Vertrauen und Selbsttäuschung – das waren meine eigenen, inneren Probleme, die ich auf andere projizierte.

Als ich endlich Verantwortung für meine eigenen Gedanken übernahm und einsah, daß meine Partnerin und ihr Geliebter unschuldig waren, war ich in der Lage, mich durch Vergebung von der Vergangenheit zu lösen und die verquere Wahrnehmung aufzugeben, die mich so lange getäuscht hatte. Meine Beziehung zu beiden wurde dadurch geheilt.

Mehr und mehr bin ich zu der Erkenntnis gelangt, daß es von entscheidender Wichtigkeit ist, jeden Tag der Freude zu widmen und nicht dem Leiden. Ohne Schuld besteht keine Notwendigkeit, mich wieder zu verletzen. Wenn ich auf mein Erlebnis zurückblicke, erkenne ich heute, daß es wirklich eine Haß-Liebesbeziehung war. Wenn unsere Bedürfnisse gegenseitig befriedigt werden, empfinden wir Liebe; wenn nicht, ist Haß angesagt. In dem Moment, in dem wir von einer anderen Person etwas wollen, geben wir dieser Person die Entscheidungsmöglichkeit in die Hand, uns glücklich oder unglücklich zu machen. Wir geben den anderen die Macht, uns zu verletzen.

Wenn wir das Gefühl haben, daß andere in uns Haß, Schmerz oder Frustration verursachen, bedeutet das schlicht, daß wir diese Beziehung dazu benutzen, um die Gegenwart Gottes in uns abzublocken. Dies ist eine »spezielle« Beziehung, die auf egoistische Bedürfnisse und Illusionen aufgebaut ist, im Gegensatz zu einer heiligen Beziehung, in der beide Personen vereint sind und ihren Willen Gott übertragen. In gewisser Weise sind alle Beziehungen »speziell«. Sie werden dazu benutzt, Idole der Liebe oder Idole des Hasses als Ersatz für Gott aufzubauen. Die meisten von uns sperren sich dagegen, Gott in allen unseren Beziehungen an die erste Stelle zu setzen. Wenn wir jedoch wirklichen Frieden erleben wollen, müssen wir genau diese Priorität setzen.

Wir müssen gewillt sein, unsere egoistischen Bedürfnisse aufzugeben und sie als das erkennen, was sie in Wirklichkeit sind: Illusionen. Um es noch einmal zu wiederholen: Wir müssen die Wahrheit sehen – daß es keinerlei Trennung gibt, daß wir in Gottes Liebe immer verbunden sind, daß Sein Wille uns wahres Glück beschert und daß wir durch ihn vollkommen und ganz sind, ohne daß es uns an etwas mangelt.

Wenn wir uns verletzt fühlen, ist es deshalb, weil wir die Körper der anderen für deren Wirklichkeit halten und nicht erkennen, daß ihr wahres Sein in der nichtkörperlichen Essenz der Liebe liegt.

»Das Opfer der Welt«

Kürzlich bekam ich einen Brief von einer Frau namens Janie Peto, der die Freude ausdrückt, die wir erleben können, wenn wir von unserer schuldbeladenen Vergangenheit ablassen.

Lieber Dr. Jampolsky,
Gerade habe ich Ihren Artikel zu Ende gelesen, den Sie zusammen mit Patricia Hopkins für die Februarausgabe der Zeitschrift *Unity* geschrieben haben.
Unruhig, schlecht gelaunt, deprimiert und vor lauter Sorgen schier verrückt, wollte ich mich schon schlafen legen. Dann sah ich aber beim nervösen Hin- und Herlaufen die Zeitschrift liegen, ich öffnete sie, entdeckte Ihren Artikel, las ihn in einem Zug durch und – die Tränen strömten nur so aus mir heraus! Mein Gott, wie habe ich mich dauernd selbst bestraft! Ich dachte, Gott sähe mich so, wie ich mich selbst sah, nämlich als Versager! Wenn nichts unmöglich ist, dann kann ich mich – nach all dem, was geschehen ist – vielleicht sogar selbst retten!
Kurz gesagt, ich befinde mich schon mein ganzes Leben lang »in Behandlung« – wegen meiner Nerven, Depressionen, Schuld, Phobien etc. Ich war davon überzeugt, als »Opfer der Welt« geboren zu sein. Ich zog schon immer Versager, Schläger und »Brutalos« an wie Motten. Ich hatte nie eine echte Beziehung. Etwa vor zehn Jahren wurde ich zum Einsiedler. Ich dachte, Liebe gäbe es nur im Kino.
Doch letzten Juni öffnete Gott eine Tür für mich. Er sandte mir einen Seelenverwandten. Wegen seiner Wunden aus der Vergangenheit und meiner eigenen schmerzreichen Erfahrungen begann unsere Beziehung nur langsam zu wachsen. Und sie war anfangs schmerzhaft. Ich erwartete immer nur das Schlimmste.
Durch Beten ist es mir gelungen, diesen Mann jetzt schon ein Jahr lang »zu halten« und unsere Beziehung wird immer besser. Ich teile mit ihm das Licht, und wir werden wieder zu menschlichen Wesen! Ich bin im Moment so glücklich, daß ich schreien könnte!
Kurz nachdem ich Ihren Artikel fertiggelesen hatte, rief mich mein Freund an und verabredete sich mit mir. Dank Ihnen bin ich ein neuer Mensch, weil ich der Wahrheit ein Stück näher gekommen bin. Ich erlebe immer noch Rückschläge und bin dann wieder ganz unten, doch

wenn mir etwas so Wundervolles passiert wie gerade eben, dreht sich alles wieder um. Ich kann glauben! Ich kann hoffen! Ein wunderschönes Gefühl!

Mein Problem ist zwar winzig im Vergleich zu dem, was auf unserem Planeten geschieht, doch ich will Ihnen nur sagen, lieber Dr. Jampolsky, daß der Sonnenstrahl, den Sie dieser kleinen Seele geschickt haben, tausendfach angekommen ist!

Vielen Dank!

Gott beschütze Sie!

Liebe und Licht schickt Ihnen
Janie Peto

»Heute werde ich mich nicht wieder selbst verletzen« bedeutet die Bereitschaft, nicht mehr an die Wirkung von Illusionen zu glauben und die Erinnerung daran, daß wir nur durch unsere eigenen Gedanken verletzt werden. Wenn wir erkennen, daß unsere einzige wirkliche Beziehung die zu Gott ist und sie eine Liebesbeziehung ist, die uns immer ganz und gar ausfüllt, werden wir nie wieder eine innere Leere verspüren. Und wir können dann auch das Gott-Selbst in jedem anderen Menschen erkennen. Wenn wir beständig unsere Liebe hergeben, werden wir erleben, daß wir immer mehr Liebe gewinnen.

Mit dem Wissen, daß unser wahres Sein die Liebe ist, wissen wir ebenso, daß etwas Wirkliches nicht bedroht werden und etwas Unwirkliches nicht existieren kann.

Heute werde ich mich nicht wieder selbst verletzen.

Ich erkenne heute, daß meine Angriffsgelüste gegen andere in Wirklichkeit nur gegen mich selbst gerichtet sind. Wenn ich der Auffassung bin, daß der Angriff gegen andere mir immer einen Vorteil verschafft, muß ich mir dabei im klaren sein, daß ich mich damit immer zuerst selbst angreife.

Schritte, wie wir diese Lektion in unsere Alltagserfahrungen integrieren können

1. Gehe deine Beziehungen in Gedanken durch und wähle die aus, bei denen du dich am verletzbarsten fühlst. Jetzt werde dir

darüber klar, daß nur deine eigenen Gedanken dich selbst verletzen können. Dann sage zu dir selbst: »Ich greife mich selbst bestimmt nicht mehr an. (Name der anderen Person), ich will heute mit dir nur die Liebe, und keinen Schmerz erleben.«

2. Gib für heute, und sei es nur für einen winzigen Moment lang, die Vorstellung auf, daß irgendjemand die Macht hat, dir weh zu tun. Sag' stattdessen zu jedem, von dem du dich bedroht fühlst: »Wir sind durch Gottes heilende Liebe verbunden.«

3. Bekräftige deine Bereitschaft, nur das Gott-Selbst in jedem Menschen zu sehen. Stell dir vor, du würdest einen »Liebesfilter« über deinen Augen und Ohren tragen. Öffne dich, damit du heute nur die Liebe in den Gesichtern der anderen siehst und nur die Liebe in den Worten der anderen hörst.

4. Wenn du das Gefühl hast, daß dein innerer Friede durch irgendeine Beziehung heute bedroht wird, sage zu dir selbst: »Ich will dich nicht dazu benützen, (setze hier den Namen der Person ein), das Bewußtsein von Gottes Gegenwart in beiden von uns zu blockieren.«

5. Wiederhole mindestens dreimal am Tag folgende Aussage: »Da ich von Gottes Liebe umgeben bin und von ihr beschützt werde, entscheide ich mich bewußt dafür, mich heute nicht selbst zu verletzen.«

Lektion 4: Ich erkenne, daß meine Möglichkeiten grenzenlos sind

> Die Schuldlosen haben keine Angst, denn sie sind geborgen und erkennen ihre Geborgenheit.

Ich glaube, man kann nicht oft genug wiederholen, daß alles, was wir sehen und hören, und jedes Gefühl, das wir erfahren, den Gedanken entspringen, die wir selbst in unserem Geist entstehen lassen. Unsere Illusionen über uns selbst und unsere Illusionen, die wir über die Welt haben, sind ein und dasselbe.

Wenn es uns schlecht geht, erleben wir uns selbst als eingeschränkt und fühlen uns als Opfer der Welt, in der wir leben. Doch die Tatsache, daß es uns schlecht geht, hat nichts mit der Welt draußen zu tun. Obwohl ich dies hier mit großer Überzeugung kundtue, so muß ich doch gestehen, daß ich jeden Tag von neuem versucht bin zu glauben, die Welt um mich herum wäre wirklich – eine Versuchung, der ich oft nicht widerstehen kann.

Die Wahl der Betrachtungsweise

Unser Ego will nicht, daß wir glauben könnten, es wären nur unsere eigenen Gdanken, die uns verletzen. Es will nicht, daß wir glauben könnten, daß das, was wir sehen und hören, nur eine Projektion unserer eigenen Gedanken ist – Gedanken, durch die wir isoliert und beschränkt bleiben. Was es aber am wenigsten will, ist, daß wir glauben könnten, wir hätten Einfluß auf die Art der Wahrnehmung, mit der wir die Welt betrachten. Unser Ego-Verstand täuscht uns so geschickt, daß wir tatsächlich glauben, wir wären die Opfer unserer eigenen Wahrnehmung. Das einzige, was uns aus dieser Ego-Falle befreien kann, ist das Konzept der Vergebung. Denn nur durch Vergebung können wir unsere eigene Begrenztheit auflösen und das Licht in uns selbst und anderen erkennen.

Unser Ego-Verstand besitzt äußerst geniale Techniken, um uns daran zu hindern, die Verantwortung für unsere eigenen Gedanken zu übernehmen. So hält uns unser Ego-Verstand ständig dazu an, Beurteilungen und Sinndeutungen abzugeben, damit wir unsere Angst und unsere Wahrnehmung von Schmerz und Leid rechtfertigen können. Er will, daß wir Zweifel hegen und Ungewißheit verspüren. Sein Feind ist der Friede. Mit seinen Täuschungsmanövern will er uns weismachen, daß unser Unglücklich-Sein von anderen Menschen und äußeren Umständen verursacht wird. Er macht uns vor, daß alle unsere Probleme verschwänden, wenn sich nur jemand anders verhalten oder sich eine Situation verändern würde.

Der Überlebensplan des Egos

Das Konzept der Zeitlosigkeit liegt für das Ego jenseits des Vorstellungsvermögens. Es verlangt im Gegenteil von uns, daß wir eine Welt als wirklich akzeptieren, deren Existenz von der Vergangenheit, Gegenwart und Zukunft abhängt. Es nährt darüber hinaus die Illusion, daß wir in der Gegenwart von dem beschränkt werden, was in der Vergangenheit passiert ist und sich in der Zukunft wieder ereignen wird.

Damit unser Ego überleben kann, müssen wir glauben, daß wir getrennt von jedem anderen Geist sind und sich unsere Wirklichkeit auf die Existenz unseres Körpers beschränkt. Sein Überlebensplan basiert auf dem Konzept, sich anderen Körpern gegenüber feindlich zu verhalten, und seine Wirklichkeit besteht aus vielen Brüchen und Trennungen; sie ist ein Gefängnis aus Schuld und Furcht, in dem es keine Liebe gibt.

Es liegt an uns, ob wir in Gottes Welt oder in der Welt des Egos leben wollen. Es liegt bei uns, welcher Stimme wir vertrauen wollen. Wir können uns entweder jeden Moment dafür offenhalten, zu erwachen und Gottes ewige Liebe zu spüren, oder daran glauben, daß wir durch unser selbsterzeugtes Ego weiter beschränkt und eingesperrt bleiben, ohne Chance auf Entrinnen.

Befreiung aus dem Gefängnis der Schuld

Kürzlich gab mir jemand ein Buch, in dem ich folgendes Zitat von Tolstoj fand. Es fängt das Wesen unserer heutigen Lektion auf sehr poetische Weise ein:

Jesus Christus lehrt die Menschen, daß etwas in ihnen ist, das sie über dieses Leben mit all seiner Eile, seinen Vergnügungen und seinen Ängsten hinaushebt. Wer die Lehren Jesu verstanden hat, fühlt sich wie ein Vogel, der nicht bemerkt hat, daß er Flügel besitzt – und jetzt plötzlich erkennt, daß er fliegen kann, frei ist und sich nicht länger zu fürchten braucht.

Wir *werden* hinausgehoben, wenn wir uns dafür entscheiden, im Augenblick zu leben, in dem es weder Zeit noch Raum gibt und wir nur das Licht Christi sehen, das uns in der Liebe und dem Einssein miteinander und mit Gott verbindet. Wenn wir nicht mehr im Gefängnis der Schuld sind, sind alle unsere Beschränkungen aufgehoben.

Die Prüfung bestehen

Im Jahr 1980, nachdem ich bereits fünf Jahre lang den »Kurs in Wundern« »studiert« hatte, wurde ich plötzlich mit einer Krise in meinem Leben konfrontiert, die mir sehr viel Angst machte. Zu dieser Zeit erschienen mir meine Ängste sehr gerechtfertigt und real. Ich reagierte so panisch, daß ich sogar beschloß, das Studium des »Kurses« abzubrechen.

Geschehen war folgendes: Ich war soeben von einer Vortragsreise zurückgekehrt, als mir meine Sekretärin, nachdem sie mich willkommen geheißen hatte, verkündete, sie hätte schlechte Nachrichten für mich. Das war eine Untertreibung! Sie erzählte mir, daß ich keine gültige Zulassung als Mediziner hätte und, noch schlimmer, daß ich den staatlichen Angaben zufolge seit 1973 keine Zulassung hatte, in Kalifornien als Arzt zu praktizieren! Ich traute meinen Ohren nicht.

Ein paar Tage später und nach – wie es mir später vorkam – mindestens hundert erregt geführten Telefonaten, erfuhr ich schließlich die Ursache des Dilemmas. 1973 hatte die staatliche Behörde für die Erteilung von Ärztezulassungen es versäumt, etwa dreihundert Ärzten die Rechnung für die Erneuerung der Zulassung zuzuschicken, darunter auch meine. Da ich das zu dieser Zeit nicht wußte, ging ich davon aus, ich hätte die jährliche Rechnung bekommen, sie wäre von meiner Bank beglichen worden und alles wäre in Ordnung. Leider war dem nicht so, und ich verlor meine Zulassung.

Obwohl dies zwar erklärte, warum ich mich nun in dieser wenig beneidenswerten Situation befand, so war doch das Versäumnis, die Zulassung nicht erneuert zu haben, von mir selbst zu verantworten – Rechnung hin oder her –, und ich erfuhr, daß ich das staatliche Medizinerexamen wiederholen mußte, um wieder zugelassen zu werden! Das letzte Mal, als ich diese Prüfung absolviert hatte, schrieben wir das Jahr 1949 – mehr als dreißig Jahre zuvor also –, und ich war nicht mehr im mindesten mit den Prüfungsanforderungen vertraut.

Da ich mich in der Vergangenheit noch nie sehr gut in Prüfungen verkauft hatte – und es gab keinen Grund, anzunehmen, daß es diesmal anders sein würde –, machte ich mir große Sorgen. Darüber hinaus konnte ich mir nicht vorstellen, wie ich zusätzlich zu meinen übrigen Verpflichtungen die Zeit finden sollte, mich auf die Prüfung vorzubereiten. Ich dachte, die Welt hätte sich gegen mich verschworen, um mich an der Ausübung meines Berufes zu hindern. Ich mußte kaum jemandem erzählen, daß ich das Opfer war, darüber bestand überhaupt kein Zweifel!

Geplant war eine mündliche Prüfung mit zwei Ärzten als Prüfer. Ich war davon überzeugt, daß sie gleich nach meiner ersten Antwort meine Unfähigkeit erkennen würden, und ich meine Zulassung nie wiedersehen würde. Ich war mir sicher, sie würden »Hackfleisch« aus mir machen und dazu auch nicht sehr lange brauchen.

Nachdem ich diese angstvollen Gedanken ein paar Wochen lang exzessiv gepflegt hatte, begann ich zu realisieren, daß das wohl nicht die richtige Art wäre, mit dem Problem umzugehen. Mein innerer Frieden war verschwunden. Ich beschloß, mich wieder meinem täglichen Studium des »Kurses« zu widmen.

Als ich zu meditieren begann und um Beistand bat, wurde mir bewußt, daß die Ärzte, die mich zu prüfen hatten, es nicht darauf anlegten, mir »ein's auszuwischen«: sie waren da, um mir zu helfen. Meine innere Stimme riet mir, sie nicht als Feinde zu betrachten, sondern als Brüder – als meine Freunde. Die Stimme riet mir außerdem, zwei Monate vor der Prüfung mit dem Lernen anzufangen, mir aber keine Sorgen über den Stoff zu machen, den ich in dieser Zeit nicht bewältigen konnte. Ich begann, der Welt wieder zu vergeben, und nach und nach war ich in der Lage, das, was ich zu überstehen hatte, als positive Lektion zu betrachten, die mir Gott auferlegt hatte.

Anstatt die ganze Nacht vor der Prüfung durchzumachen, um mich noch mit Wissen vollstopfen zu können – etwas was ich in meiner Universitätszeit mit »Begeisterung« praktiziert hatte –, ging ich früh zu Bett. Am nächsten Tag ging ich eine Stunde früher zu dem Ort, an dem ich geprüft werden sollte, um mich zu sammeln und zu beten. Ich betete nicht darum, daß ich die Prüfung bestehen würde, sondern bat um den inneren Frieden und darum, mich selbst als eins mit den Prüfern und mit Gott zu sehen.

Nun, es geschah ein Wunder erster Klasse: Ich bestand die Prüfung. Und in ihrem Verlauf lernte ich, daß ich mich nicht als Opfer betrachten mußte, das von allen Seiten erdrückt wird.

Ich beginne langsam zu verstehen, daß alles, was mir passiert – und scheint es im Moment noch so fürchterlich –, in eine positive Lernerfahrung umgewandelt werden kann. Und ich habe gelernt, daß Erfahrungen, die mir geholfen haben, auch anderen zugute kommen können, denen sich ähnliche Probleme stellen.

So hielt ich zum Beispiel vor nicht allzu langer Zeit einen Workshop in einer Universität über das Heilen von Beziehungen ab. Während eines Gesprächs mit den Teilnehmern erzählte ein Medizinstudent im zweiten Jahr, den ich hier Bob nennen will, folgende Geschichte. Eine Jahr zuvor war Bob wegen Alkohol-

und Drogenmißbrauchs von der Universität geflogen. Jetzt stand ihm in zwei Tagen ein Termin bevor, bei dem er vor einem Universitätskomitee zu erscheinen hatte, das darüber zu entscheiden hatte, ob er sich wieder an der Universität immatrikulieren könne. Nun hatte Bob Angst davor, daß das Komitee sich gegen ihn aussprach.

Ich erzählte meine Geschichte von der verlorenen Zulassung und schlug Bob vor, daß auch er in den Mitgliedern des Komitees seine Freunde sehen könne. Ich betonte, daß es für ihn wichtig wäre, sich klarzumachen, daß sein innerer Friede nicht vom Ausgang des Hearings abhinge. Ich erinnerte ihn daran, daß der Sinn seines Lebens nicht darin bestünde, andere als bedrohlich zu betrachten, sondern als gütig, sanft und liebenswert. An diesem Tag gewann Bob viele Freunde und viele blieben auch nach dem Workshop mit ihm in Kontakt.

Zwei Tage später erschien Bob vor den Mitgliedern des Komitees. Danach erzählte er, er hätte sich während der Unterhaltung ganz friedlich gefühlt, müßte aber noch einige Wochen auf die Entscheidung warten. Nach sechs Wochen rief mich Bob an, um mir zu erzählen, daß er tatsächlich wieder in die Universität aufgenommen wurde. Er fügte hinzu, daß sich nun auch seine Motivation, Medizin zu studieren, gewandelt hätte – jetzt wolle er wirklich anderen Menschen helfen, ohne daß ihm seine frühere Sucht in die Quere käme.

Spirituelles »Aufputschmittel«

Schwester Marion Irvine ist die Leiterin der Sacred Heart Schule im westlichen Teil San Franciscos, einer Gegend, die einen ziemlich schlechten Ruf besitzt. Vor sechs Jahren, im Alter von achtundvierzig Jahren, wurde sie von einer Nichte, die abnehmen wollte, zum Joggen überredet, und Schwester Marion ist seitdem eine begeisterte Langstreckenläuferin. Heute, im Alter von vierundfünfzig Jahren, hält sie den amerikanischen Rekord in allen Standardstrecken – von fünf Kilometern bis zum Marathon – für ihre Altersgruppe. Erst kürzlich erreichte sie die Teilnahme an den Qualifikationswettbewerben für die Olympischen Spiele, und ist damit die älteste Sportlerin im Bereich des Langstreckenlaufs, die dies jemals geschafft hat.

Als sich Schwester Marion entschloß, Langstreckenläuferin zu werden, wog sie etwa 90 Kilo und rauchte über zwei Packungen Zigaretten am Tag. Heute, als überzeugte Nichtraucherin, hält sie durch das Laufen ihr Idealgewicht. Dreißig Jahre lang hatte sie zudem, wie sie sagte, einen äußerst sitzenden Lebensstil gepflegt. Und trotz ihrer »Geschichte« schaffte sie es, daß ihre Vergangenheit ohne Einfluß auf die Gegenwart und auf ihre zukünftigen Möglichkeiten blieb. Wenn der Geist die Begrenzungen aufheben kann, reagiert der Körper darauf erstaunlich direkt.

Schwester Marion ist der Auffassung, daß das Laufen ideal geeignet ist, um über sich selbst nachzudenken und zu beten. Sie beschreibt es als Mittel, »den Körper mit seiner Umwelt in Einklang zu bringen. Es erhebt dich in die Lüfte und macht dich demütig zugleich. Wenn du bei Sonnenaufgang am Strand entlangläufst und es sind keine anderen Fußspuren zu sehen, erkennst du die Unermeßlichkeit der Schöpfung, die unbedeutende Rolle, die du in diesem Plan spielst, deine eigene Kreatürlichkeit und du erkennst, wieviel du diesem höchsten Wesen schuldest, dem Gott, der diese ganze Schönheit und Harmonie erschaffen hat. Es ist wirklich die schönste Gebetszeit, die ich erlebe.«

Trotz ihrer Vollzeitbeschäftigung als Schulleiterin findet Schwester Marion die Zeit, mindestens fünfzehn Kilometer am Tag zu laufen, und hat fest vor, weiterhin an nationalen und internationalen Langstreckenmeisterschaften teilzunehmen. Was sie erreicht hat, macht für uns auf wunderbare Weise deutlich, daß ein fortgeschrittenes Alter weder bei Frauen noch bei Männern bedeuten muß, keine neuen Abenteuer mehr eingehen zu können. Wenn wir unseren Willen mit dem Gottes in Einklang bringen, gibt es für uns keine Grenzen mehr.

Beschließe heute für dich, deinen Möglichkeiten keine Beschränkungen aufzuerlegen und sage zu dir selbst:

Ich erkenne, daß meine Möglichkeiten grenzenlos sind.

Ich kann mich entweder angstvoll meiner früheren Beschränktheit erinnern und sie auf die Zukunft projizieren, oder ich lebe nur im gegenwärtigen Augenblick. Dieser Augenblick ist wertvoll, denn er unterscheidet sich von allen anderen. Da die Möglichkeit, daß ich persönlich innerlich wachse, immer besteht, hat es niemals einen besseren Zeitpunkt gegeben, als das Jetzt. Es hat auch noch nie einen besseren Ort gegeben als das Hier.

Schritte, wie wir die heutige Lektion in unsere Alltagserfahrungen integrieren können

1. Erinnere dich wiederholt daran – immer, wenn du die Versuchung spürst, dich schuldig zu fühlen oder in der Vergangenheit oder der Zukunft zu leben: »Ich kann im Hier und Jetzt leben, ohne angstvolle Beschränkungen.«

2. Denk an einen Bereich in deinem Leben, in dem du dich durch das, was andere Leute dir angetan haben oder noch antun, beschränkt fühlst. Bedenke dabei, daß du dich für die eine oder die andere Betrachtungsweise entscheiden kannst.

3. Erinnere dich daran, daß das, was du siehst, nur eine Reflexion von dem ist, was du zuerst in deinem Geist siehst. Entscheide dich heute dafür, nur unendlich liebevolle Gedanken zu hegen. Sieh dich heute selbst als jemanden, dem keine Beschränkungen auferlegt sind.

4. Laß dir heute folgenden Gedanken häufig durch den Kopf gehen: »Da ich mich heute anders als sonst sehe, erkenne ich, daß mich Gott ohne Grenzen erschaffen hat. Ich kann jetzt auch die Welt auf andere Art betrachten und erkennen, daß ich kein Opfer bin.«

5. Wiederhole den ganzen Tag über, immer wenn du versucht bist, dich beschränkt zu fühlen: »Nur meine liebevollen Gedanken sind wirklich. Nur diese Gedanken sollen in dieser (einer bestimmten) Situation oder im Zusammentreffen mit dieser Person (einer bestimmten) zum Tragen kommen.«

Lektion 5: Der Frieden soll heute alle meine angstvollen Gedanken ersetzen

> Gib niemandem die Schuld und du wirst die Wahrheit der Schuldlosigkeit auch bei dir selbst erkennen.

In der Welt von heute erscheint es vielen von uns als reine Glückssache, inneren Frieden zu erleben. Diese Vorstellung kommt dadurch zustande, daß wir zu viel in all die Ängste investiert haben, denen wir in der Vergangenheit ausgesetzt waren. Die meisten von uns fühlen sich, obwohl ihnen das nicht bewußt sein mag, stark zum Schmerz, den Ängsten und der Schuld hingezogen, zu den Gefühlen also, die sie aus einer Grundangst heraus in der Vergangenheit erlebt haben. Unser Glaubensgebäude ist so geschickt konstruiert, daß es uns mit Erfolg zu täuschen vermag. Wir glauben wirklich, daß etwas nicht stimmen kann, wenn uns *kein* Leid geschieht.

Innere Widerstände gegen den Frieden

Die Philosophie, die ich oben beschrieben habe, wurde in unserer Familie getreulich praktiziert. Jeder Tag war für uns der Vorbote einer schrecklichen Terrorwelle, mit der uns das Morgen überspülen würde. Als eifriger Schüler dieser Lehre, fast mein ganzes Leben lang, kann ich bezeugen, daß sie einen kaum dazu ermutigt, nur die Möglichkeit in Betracht zu ziehen, inneren Frieden oder Freude im Jetzt zu finden.

Der »Kurs in Wundern« macht deutlich, daß eines der Ziele des Egos der Wunsch ist, dem Frieden zu entfliehen. Mit anderen Worten heißt das: Obwohl wir uns bewußt vielleicht Frieden wünschen, gibt es, wenn wir an der Schuld festhalten, einen anderen Teil in unserem Geist, der den Frieden nicht nur nicht akzeptieren will, sondern ihm sogar Widerstand leistet.

Innerer Friede ist der erklärte Feind des Ego-Selbst. Was das Ego am Leben hält und womit es immer neue Nahrung erhält, ist unser Verhaftet-Sein in Schuld, Angst und Aggression. Das Ego glaubt, daß gerechtfertigter Zorn wichtiger und wertvoller ist als innerer Friede. Es glaubt, daß Angriff etwas Reales darstellt, und daß wir inneren Frieden erleben können, wenn wir uns verteidigen. Das Ego will morden und zerstören; das Ego will den Tod.

Der Frieden steht zur Wahl

Wir müssen uns daran erinnern, daß wir immer die Wahl haben zwischen Konflikt und Frieden. Wir sind voll verantwortlich für das, was wir erfahren. Der Frieden kommt nicht von allein – durch Glück oder Zufall. Frieden oder Konflikt – das ist immer von unserer Entscheidung abhängig. Wir entscheiden uns entweder dafür, nur liebende Gedanken zu hegen, oder halten an unseren alten Gedanken fest, die voller Furcht, Verurteilungen und Attacken sind.

Um den Konflikt zu verdeutlichen, den wir für uns selbst kreieren, wenn unser Geist »überladen« ist mit negativen Gedanken, würde ich an dieser Stelle gerne eine persönliche Geschichte erzählen.

Vor ein paar Jahren wurde ich von einer Firma gebeten, Mitglied ihres Aufsichtsrats zu werden. Nach einigem Zögern erklärte ich mich schließlich einverstanden. Ein paar Wochen später nahm ich zum erstenmal an einer Sitzung teil. Als ich dasaß und der Verlesung des Protokolls der vorangegangenen Sitzung lauschte, stellte ich fest, daß ich mich mehr und mehr erboste und in meinem Inneren alles und jeden verurteilte. Im Verlauf der Sitzung wurde ich immer ungehaltener über die Art von Entscheidungen, die von einem Aufsichtsratmitglied erwartet wurden. Obwohl ich mir in diesem Moment nicht voll darüber im klaren war, realisierte ich hinterher, daß ich die meiste Zeit der Sitzung damit verbracht hatte, hinter allem und jedem Fehler zu suchen. Und wenn ich gerade einmal nichts zu kritisieren hatte, setzte ich alles daran, mich zu langweilen. Als ich schließlich am Abend heimkam, war ich total erschöpft. (Ich bin immer mehr zu der Überzeugung gekommen, daß es uns am meisten ermüdet und erschöpft, wenn wir unsere Energie damit verschwenden, uns selbst und andere zu kritisieren und zu verurteilen.)

Als ich am nächsten Tag über den Konflikt, den ich während der Sitzung verspürt hatte, meditierte, wurde mir klar, daß ich mich bei der Verlesung des Protokolls dafür entschieden hatte, darüber zu urteilen, wer schuldig und wer unschuldig war. Und da es meine Entscheidung war, Urteile zu fällen, wählte ich auch den Konflikt.

Vor der nächsten Sitzung meditierte ich erneut und entschied mich dafür, friedvoll, anstatt konfliktgeladen, zu sein. Ich betrachtete mich als Batterie, die jedem im Raum nur positive Energie zusandte, und ich versuchte, in jedem nur die Liebe und nicht die Fehler zu suchen. Während der Sitzung meldete ich mich kein einziges Mal zu Wort. Ich hörte nur aufmerksam dem zu, was diskutiert wurde. Am Ende der Sitzung fühlte ich mich sehr friedlich und wußte auch, daß dies kein Zufall war; ich hatte diesen Weg gewählt.

Dann geschah etwas sehr Erstaunliches. Bevor ich ging, kamen zwei Mitglieder der Sitzung, unabhängig voneinander, auf mich zu, und dankten mir für die hilfreichen Bemerkungen, die ich während der Sitzung gemacht hatte, obwohl ich, wie ich ja bereits erwähnt habe, meinen Mund kein einziges Mal aufgemacht hatte! Was meiner Ansicht nach geschehen war, war folgendes: Sie hatten meine liebevolle Unterstützung gespürt und wollten darüber ihre Dankbarkeit zum Ausdruck bringen. So bedankten sie sich für die unausgesprochenen Bemerkungen, die ich gemacht hatte.

Das war ein sehr schönes Lernerlebnis für mich. Es bewies mir erneut, daß man die Wahrheit der Einheit allen Lebens erfährt, wenn man bedingungslose Liebe aussendet. Wir können wählen, ob wir lieber Frieden oder Konflikt, Angst und Schuld erleben wollen.

Eine Angstkrise

An dieser Stelle würde ich gerne einen recht dramatischen Brief zitieren, der von einer Frau namens Judi geschrieben wurde. Darin beschreibt sie, wie schwierig es für sie war, inneren Frieden zu erleben, da sie einen traumatischen Vorfall in ihrem Leben erlebt hatte, und daß die Ängste, die diesen Vorfall aus der Vergangenheit betrafen, in ihrem späteren Leben immer wieder auftauchten.

Lieber Jerry,
am 6. Juli 1980 war ich gerade dabei, in der Waschküche des Hauses, in dem ich wohne, meine Wäsche zusammenzufalten, als ein Mann hereinkam. Da der Raum gewöhnlich verschlossen ist und nur Mieter einen Schlüssel haben, dachte ich mir nichts dabei, bis ich spürte, daß er mir »zu nahe« kam und ein Messer bei sich hatte. Er drohte, mich umzubringen, wenn ich schreien würde, und stieß dann mit dem Messer zu, wobei er mich leicht an der Brust verletzte. Ich versuchte, davonzurennen und um Hilfe zu schreien. An den Rest erinnere ich mich nur noch bruchstückhaft. Ich weiß, daß er auf mich einschlug und ich rückwärts gegen die Schließfächer fiel. Dann verwundete er mich noch einmal (das war die schlimmste Verletzung). Es schien alles in Zeitlupe abzulaufen. Ich erinnere mich an ein Gefühl, als ob ich im Kino wäre, und ich konnte einfach nicht glauben, daß der Mann oder das Messer mich tatsächlich verletzen könnten, obwohl ich ja schon verletzt war. Plötzlich floh er durch dieselbe Tür, durch die er gekommen war (jemand hatte sie vorher offen gelassen, weil er vergessen hatte, Kleingeld mitzunehmen).
Ich rappelte mich auf und rannte zur Tür hinaus, hinauf in unsere Wohnung. Mein Mann verständigte die Polizei. Wenn ich zurückblicke, kann ich nur noch über mich lachen. Ich wollte vor unserem zweijährigen Kind so ruhig wie möglich erscheinen, weigerte mich aber, mich hinzusetzen, damit kein Blut auf die Möbel kam. Die Polizei kam sofort. Als sie mich verhörten, beschwerte ich mich, daß sie die Eingangstüre offengelassen hatten, weil ich befürchtete, unsere Katze könnte weglaufen.
Dann machten sie mir klar, daß ich auch hätte getötet werden können – eine Vorstellung, die mir überhaupt nicht in den Sinn gekommen war.
Meine Täterbeschreibung war eher vage. Ich hatte nur einen verschwommenen Eindruck von einer blonden Haartolle, einem eckig geschnittenen Gesicht und von Augen voller Haß. Später, als mir eine

ganze Diaserie von Sexualstraftätern gezeigt wurde (so klassifizierte die Polizei das Verbrechen, obwohl ich nicht vergewaltigt wurde), dachte ich bei einer Person, daß sie es gewesen sein könnte. Doch es stellte sich heraus, daß dieser Mann ein Alibi hatte. Mehr kam nicht dabei heraus.

Jedenfalls wurde ich nach dem Verhör ins Krankenhaus gebracht, behandelt und wieder entlassen. Im schweren Schockzustand fuhr ich mit meinem Mann zu meinen Eltern, wo wir den Rest des Sommers verbrachten.

Ich wurde halbwegs jüdisch erzogen, man hielt sich an die Feiertage und aß nur koscheres Essen. Seelische Unterstützung bekam ich jetzt aber keine. Meine Eltern konnten mit dem Geschehenen nicht umgehen, sie können es heute noch nicht. Wir durften zwar bei ihnen wohnen, doch mit ihnen über den Vorfall sprechen, konnte ich nicht. (Sie verdrängen ihn einfach und wollen sich nicht damit beschäftigen; auch jetzt kann ich meine Freude mit ihnen nicht teilen. Ich weiß aber, daß in ihnen mehr steckt.)

In einem Buch, das ich kürzlich las, stieß ich auf das von dir entworfene Konzept, was durch die Kraft der eigenen Gedanken alles bewirkt werden kann. Es berührte mich in meinem Innersten, und ich sehnte mich danach, herauszufinden, ob es auch auf mich zuträfe. Heute weiß ich, daß ich mich schon immer »auf dem Pfad« befunden habe, ich wußte nur nicht, daß er bereits »unter meinen Füßen« lag.

Dann geschah kurz hintereinander eine Reihe von Wundern. Kaum hatten wir beschlossen umzuziehen (als symbolischen Ausdruck wollten wir uns ein neues Haus kaufen, etwas, was wir bisher auf »irgendwann« verschoben hatten), fanden wir »unser Haus«, plötzlich war auch Geld dafür da, und die Frau, die uns das Haus verkaufte, lud mich zu ihrer Gebets- und Meditationsgruppe ein. Ich ging dorthin, und seitdem verbindet mich mit diesen Leuten ein enges Band.

Ein Mitglied aus dieser Gruppe nahm mich zu einem Vortrag von dir mit. Das Thema »Liebe heißt die Angst verlieren«, das ja auch der Titel eines Buches von dir ist, sprach mich sofort stark an. Daß es möglich war, jede Angst zu verlieren, war für mich erstaunlich genug, aber daß man die Leere, die dann entsteht, mit Liebe anfüllen kann, erschien mir wie ein Wunder.

An diesem Abend, als du deine Geschichte mit viel Humor und Sanftmut erzähltest, fühlte ich mich verbunden, ich spürte ein Liebesband – mit dir, mit den Zuhörern, mit mir selbst. Ich wußte, daß ich es schaffen würde. Obwohl ich mit meinem Verstand wenig von dem erfaßte, was du sagtest, hörte dich mein Herz und frohlockte. Ich kaufte mir dein Buch und war im siebten Himmel.

Seitdem betrachte ich den Überfall als eine Krise der Angst, als Überfall meiner selbst, wenn du so willst, auf mein altes »Nicht-Sein«. Dem Mann gegenüber, der mich überfallen hatte, spürte ich von Anfang an eine merkwürdige Distanz, eine Art von Unpersönlichkeit (hinter aller Angst), als ob er ein Schauspieler wäre, der seine Rolle zu spielen hatte. Ein Freund meinte einmal, daß er vielleicht sein Karma zu erfüllen hatte, mit einer Seele, die ihn an diese Handlung fesseln würde. Dieser Gedanke warf mich um, gab mir das Gefühl, heilig, irgendwie besonders und geliebt zu sein. Ich hatte das Gefühl, daß ich ihm gar nicht vergeben müßte, da er bereits »unschuldig« zur Tat erschienen wäre. Ich gab ihm keine Schuld, ich machte mir selbst Vorwürfe. Ich hatte davor Angst, daß ich so etwas erneut verursachen könnte.

Ich arbeitete mit deiner Idee von dem gelben Ballon, den man losläßt. Ich stopfte den ganzen Vorfall dort hinein, aber irgendwie war es mir unmöglich, ihn zum Starten zu bringen. Eines Tages kam mir die Idee, alle meine Ängste in den Ballon zu stecken. Er segelte los ins weiße Licht, und ich war frei herauszufinden, was von mir übrigblieb. Auf einmal fiel es mir wie Schuppen von den Augen: Wenn ich den Überfall wirklich verursacht hatte, lag auch alles andere in meiner Macht. Ich konnte es verhindern, daß es nochmals passierte.

Mit dieser Erkenntnis erwuchs in mir auch das Gefühl der Verantwortlichkeit für das, was mit mir geschieht. Gedanken, die mit den Gefühlen harmonieren, sind schöpferisch! Ich wählte die Liebe statt der Angst!

Mit der Arbeit an diesem neuen Konzept fand ich Frieden und ein Gefühl für Schönheit, wie ich es im Traum nicht für möglich gehalten hatte. Das grenzenlose Panorama an Möglichkeiten, das der Mensch besitzt, innerlich zu wachsen und Freude zu empfinden, beflügelt mein Herz. Ich spüre eine Verbindung zu allen meinen Mitmenschen. Ich kann die Schönheit in ihnen erkennen und die Liebe, die wir alle miteinander teilen. Es passiert nun wieder häufig, daß ich grinse und kichere und andere Menschen umarme. Es ist ein wahres Wunder.

Mit einem Kapitel aus deinem Buch »Liebe heißt die Angst verlieren« hatte ich besonders zu kämpfen. Es hat die Überschrift »Angriff und Verteidigung«. Es hätte genausogut mein Name darüber stehen können, so sehr hat es meine Problematik getroffen. Endlich brach das Licht durch die Wolken. Ich erkannte, daß ich mich selbst lieben mußte. Ich konnte meine strengen Kontrollinstanzen loslassen. Ich hatte eine Heidenangst davor, mein wirkliches Ich herauszulassen. Ich fürchtete, es könnte Unsagbares aussprechen. Jetzt weiß ich, daß ich davor Angst hatte, mein wahres Ich könnte nicht geliebt werden – eine schlimmere Erfahrung, als einem Monster zu begegnen; tatsächlich ist ja jemand, der vom lebenswichtigen, menschlichen Band der Liebe ausgeschlossen bleibt, wie ein Monster. Nicht im Traum konnte ich mir die Liebe vorstellen, die ich jetzt für »Papa Gott« empfinde.

Ich lernte, das Wagnis der Liebe einzugehen und meine menschlichen Maßstäbe für Benehmen und Vollkommenheit zu vergessen. Mein Urteil ist jetzt scharf und genau. Ich lerne nun, die Dinge mit meinem göttlichen Selbst zu sehen. Ich weiß, daß Gott mir zuschaut und Seine eigene Vollkommenheit in mir erkennt.

Vielen Dank, Jerry, daß du mir Gelegenheit gabst, das, was ich erlebt habe, aufzuarbeiten und daran zu wachsen.

Der Friede sei mit dir!

In Liebe

Judi

Durch das Loslassen von ihrer Vergangenheit hat Judi auch gelernt, ihre angstvollen Gedanken durch den Frieden zu ersetzen. Wir können alle etwas Ähnliches erreichen, wenn wir uns folgendes vornehmen:

Der Frieden soll heute alle meine angstvollen Gedanken ersetzen.

Die Welt – verändert durch meine Vision der Liebe – zeigt mir, daß es nichts zu fürchten gibt. Es ist unmöglich, daß ich Liebe und Angst zur selben Zeit erlebe. Es ist ebenso unmöglich, daß ich Frieden empfinde, wenn ich voller Angst bin. Der Friede soll heute alle meine angstvollen Gedanken ersetzen.

Schritte, wie wir die heutige Lektion in unsere Alltagserfahrung integrieren können

1. Bringe, mindestens einmal pro Tag, deinen Geist zur Ruhe. Frage dich, ob du dem Frieden Widerstand leistest, indem du an der Schuld, egal in welcher Form, festhältst. Erinnere dich daran, daß du keinen Frieden erleben wirst, wenn du dich vor der Vergangenheit fürchtest und dir über die Zukunft Sorgen machst.

2. Erinnere dich den ganzen Tag über daran, daß du dich für den inneren Frieden entscheiden kannst, mit folgender Bekräftigung: »Heute entscheide ich mich für den Frieden und denke daran: *Es gibt nichts, wovor ich Angst haben muß.*«

3. Immer wenn du das Gefühl hast, dein Frieden ist heute in

Gefahr, halte für einen Moment inne und schenke jemandem deine ganze Liebe. Denke nur an das Geben, und du wirst Frieden haben.

4. Denk daran, daß Gott dich nach Seinem Ebenbild erschaffen hat – frei von Streit und absolut friedvoll. Wenn du bekräftigst, daß du eins mit ihm bist, laß von all deinen Gedanken der Isolation ab und erkenne, daß du wirklich Frieden in dir hast.

5. Sei entschlossen, heute nur Gottes Liebe zu spüren und sage stündlich zu dir: Der Frieden soll heute alle meine angstvollen Gedanken ersetzen.

Lektion 6: Der geheilte Geist kennt keine Angst mehr vor dem Tod

> Für den, der seine Körperlichkeit überwunden hat, gibt es
> keine Beschränkungen mehr.

Ich bin davon überzeugt, daß die größte Angst, die jeder von uns – bewußt oder unbewußt – hat, die Angst vor dem Tod ist. Solange wir daran glauben, daß sich unsere Wirklichkeit auf das beschränkt, was unsere Sinnesorgane wahrnehmen, werden wir uns mit unserem Persönlichkeits-Selbst und unserem Körper identifizieren. Daraus ergibt sich, daß wir immer versucht sind zu glauben, daß Körper und Leben eins sind, daß das Leben erlischt, wenn der Körper stirbt.

Wahre Identität

Im Geist geheilt zu sein, bedeutet, daß wir uns nicht länger durch unseren Körper beschränkt sehen, sondern erkennen, daß unsere wahre Identität nichtkörperlich ist. Wir sind spirituelle Wesen, getragen von einer immerwährenden Liebe, die niemals stirbt.

Wenn wir erkennen, daß der Tod nur eine Illusion ist, und die Wahrheit annehmen, daß Leben und Liebe ewig sind, werden unsere Beziehungen schlagartig geheilt. Wenn wir dies wirklich wissen, verschwindet die Illusion des Getrennt-Seins, und wir können uns als eins mit dem universellen Geist sehen.

Halte einen Moment lang inne. Stelle dir nur eine Sekunde lang vor, daß du wirklich daran glaubst, daß der Tod nur eine Illusion und ewige Liebe deine einzige Wirklichkeit ist. Stelle dir nur diese eine Sekunde lang vor, daß du mit allen Lebewesen, mit dem Leben und mit Gott für immer verbunden bist. Erlebe den Frieden, die Stille und die grenzenlose Liebe, die dich umfangen.

Die Schuld loslassen

Betrachte dir jetzt die Beziehungen in deinem Leben, und du wirst erkennen, wie schnell deine Zorngefühle und nachtragenden Gedanken, die noch vor ein paar Minuten in dir waren, verschwunden sind. Wenn wir unsere Angst vor dem Tod verlieren, können wir auch von unseren Schuldgefühlen loslassen und so unsere Beziehungen wirklich heilen.

Unser Ego, eine Erfindung von uns selbst, täuscht uns gerne. Auf der einen Seite erzählt es uns, daß unsere Körper die einzige Wirklichkeit sind und wir deshalb den Tod fürchten müssen. Auf der anderen Seite versteckt es die Angst vor dem Tod vor uns und nährt die fatale Hoffnung, daß der körperliche Tod vermeidbar ist.

Das Ego und seine geheime Botschaft

Von all den Dingen, die das Ego vor unserem Bewußtsein geheim hält, stehen drei Dinge ganz oben auf der Liste:

1. Es gibt keinen Tod.
2. Es gibt keine Trennung.
3. Nur die Liebe ist wirklich.

Das Ego hat eine scheinbar undurchdringbare Barriere errichtet, hinter der diese Wahrheiten versteckt sind. Wenn wir unseren Geist dazu bringen, die Wahrheit dieser Aussagen anzunehmen, wird uns klar werden, daß unser Leiden in der Vergangenheit ein Fehler war und daß wir die Wahl haben, nie wieder leiden zu müssen.

Damit das Ego überleben kann, muß es uns ständig einreden, daß sich unsere Wirklichkeit auf das beschränkt, was uns unsere Sinnesorgane, vor allem Auge und Ohr, über die Welt mitteilen. Es will uns glauben machen, daß Tod, Trennung, Schuld, Angst und Haß unsere Realität sind und daß für die Liebe kein Platz ist. Das Ego ist sich der Tatsache bewußt, daß es sich in nichts auflösen wird, sobald wir mit voller Überzeugung daran glauben, daß es keinen Tod, sondern nur noch die Liebe gibt.

Ego contra Gott

Kann es möglich sein, daß der riesige Zeit- und Energieaufwand, den wir darauf verwenden, andere zu kontrollieren und zu manipulieren oder uns um unsere Zukunft zu sorgen, nur die Verdrängung unseres Versuchs ist, die Angst vor dem Tod unter Kontrolle zu bringen bzw. zu leugnen? Will das Ego damit die Rolle Gottes spielen, will es das Gefühl haben, daß es, und nicht Gott, das Universum erschafft, dirigiert und kontrolliert?

Einer der Grundsätze im »Kurs in Wundern« besagt, daß wir uns »nie aus dem Grund schlecht fühlen, den wir selbst für die Ursache halten«. Die Grundlage jeder Angst – egal welche Form sie annimmt – ist das Schuldgefühl, von Gott und dadurch von allen Menschen getrennt zu sein. Dieses Schuldgefühl bewirkt dann, daß wir uns davor fürchten, von Gott mit dem Tod bestraft zu werden.

Die Angst vor dem Tod ist nur eine Erfindung unseres Egos. Aus der Angst vor Gott heraus will uns unser Ego weismachen, daß Gott rachsüchtig ist, und uns, wenn die Zeit gekommen ist, für unsere Sünden bestrafen wird. Und, als ob dies noch nicht genug wäre, will es uns noch suggerieren, daß uns, nachdem wir gestorben sind, in der Hölle noch mehr Bestrafung zuteil wird! Das Gedankengebäude des Egos ist nicht nur von Angst und Schuld, sondern auch von Verzweiflung und Hoffnungslosigkeit bestimmt.

Angst vor dem Tod

Wie ich bereits vorher erwähnt habe, erleben wir die Angst vor dem Tod entweder bewußt oder unbewußt. Zum Beispiel kenne ich Menschen, die, obwohl sie eine Angst vor dem Tod abstreiten würden, immer zu allererst die Todesanzeigen lesen, wenn sie am Morgen die Zeitung aufschlagen. Es ist so, als ob sie sich selbst versichern müßten, daß sie noch am Leben sind. Diese Menschen sind meist voller Schuldgefühle und verspüren unbewußt ein großes Bedürfnis, sich selbst zu bestrafen.

Auch ich habe die meiste Zeit meines Lebens Angst vor dem Tod gehabt, obwohl ich mir alle Mühe gab, dies vor mir und vor den anderen zu verbergen. Als Arzt war ich auf die Tatsache stolz, sterbende Patienten »objektiv« behandeln zu können. Ich dachte, je objektiver ich war, desto effektiver würde meine Hilfe sein. Durch diesen Vorwand baute ich eine gefühlsmäßige Distanz zwischen mir und meinen todkranken Patienten auf. Rückblickend erkenne ich, daß diese »Objektivität« nur ein Mittel war, um mich selbst zu schützen. Es war ein vergeblicher Versuch meinerseits, die Tatsache zu vertuschen, daß eines Tages ich dieser sterbende Patient sein werde. Und da ich glaubte, der Tod wäre das Ende, war die Angst davor übermächtig. Ich hielt diese Angst aber trotzdem vor meinem Bewußtsein geheim, sie war gut verstaut in einer der vielen Schubladen meines Geistes.

Die Idee der Liebe

Wenn wir uns bewußt dafür entscheiden, die Welt mit den Augen der Liebe – und nicht mehr ego-istisch – zu betrachten, stirbt auch unser Glaube an Schuld und Tod. Wir setzen dann unsere Identität nicht länger mit unserem Körper gleich, sondern erkennen das unsterbliche Wesen unseres spirituellen Seins.
Seit ich mich auf dem spirituellen Weg befinde, habe ich viele wertvolle Erfahrungen mit Familien gemacht, die den Tod vor Augen haben. Ich kann es kaum in Worte fassen, wie dankbar ich dafür bin. Meine alten Ängste vor dem Tod verschwinden immer mehr. Trotzdem ist es ein Unterschied, ob du mit Familien zu tun hast, in denen jemand stirbt, oder in deiner eigenen Familie mit dem Tod konfrontiert bist. Wenn jemand in deiner eigenen Familie stirbt, ist es weitaus schwieriger, spirituelle Prinzipien anzuwenden. Das ist vielleicht die Nagelprobe.
Vor etwa drei Jahren starb mein Vater im Alter von zweiundneunzig Jahren an Lungenentzündung. Er war schon längere Zeit krank gewesen und war bereit zu sterben. Einige Wochen vor seinem Tod brach ich zu einer langen Reise in den fernen Osten

auf. Da wir die Möglichkeit in Erwägung zogen, daß er vielleicht sterben werde, während ich weg war, verbrachten wir vor meiner Abfahrt einige Zeit miteinander und verabschiedeten uns voneinander. Da ich das Gefühl hatte, daß wir ein anhaltend liebevolles Verhältnis miteinander hatten– vollkommen in jeder Beziehung –, war ich wirklich der Meinung, daß ich ihn ganz loslassen konnte.

Als ich nach Thailand kam, erfuhr ich vom Tod meines Vaters. Ich vergoß keine Tränen. Ich war glücklich, daß er seinen Frieden hatte.

Etwa sechs Monate später schrieb ich einen Artikel für eine Zeitschrift und beschrieb darin eine Episode aus meiner Kindheit, als ich etwa drei Jahre alt war. Wir hatten mit der Familie einen Sonntagsausflug gemacht, und ich war auf der Rückfahrt eingeschlafen. Mein Vater hatte mich aus dem Auto in die Wohnung getragen und ich erinnerte mich, daß ich nur eine Sekunde lang die Augen geöffnet hatte und sie dann gleich wieder schloß. Diese eine Sekunde lang fühlte ich mich geborgen, sicher und geliebt und vor allem hatte ich das vollkommene Vertrauen, daß die Liebe meines Vaters mich immer beschützen werde.

Als ich diese Erinnerung aufgeschrieben hatte, brach ich in Tränen aus. In diesem Moment identifizierte ich mich mit dem Körper und vermißte die physische Anwesenheit meines Vaters. Zur gleichen Zeit fühlte ich mich erleichtert, daß ich meine menschlichen Regungen nicht unterdrückt hatte. Ich empfand eine große Freude darüber, daß diese lebendige Erinnerung aus meiner Kindheit ein Symbol für das Vertrauen war, das ich in Gott, meinen Vater, hatte. Den Rest des Tages war mein Vater geistig bei mir, wir waren vollkommen vereint, es gab keine Trennung mehr zwischen uns.

Wie man durch einen geheilten Geist im Tod Frieden findet, wurde mir von einer Frau aus Washington, D. C., gezeigt. Als sie mich vor ein paar Monaten anrief, erzählte sie mir, daß ihr Mann an Krebs litt und offenbar nicht mehr lange zu leben hatte. Obwohl er sich schon einige Zeit im Koma befand, hatte sie das Gefühl, daß er noch sehr zu leiden hatte, und sie war deshalb auf Gott sehr zornig, weil er dies geschehen ließ.

Nachdem ich ihr vorgeschlagen hatte, eine kurze Zeit lang zusammen zu schweigen, fühlte ich mich berufen, ihr zu sagen, daß sie immer Zorn und Schmerz auf sich ziehen werde, solange sie alles unter ihre Kontrolle bringen wolle, einschließlich des Zeitpunkts, an dem ihr Mann zu sterben hatte. Ich machte ihr klar, daß sie in gewisser Weise immer *ihren* Lebensplan durchsetzen wollte, anstatt loszulassen und Gottes Plan für ihr Leben zu akzeptieren. Ich sagte ihr weiter, daß wir immer voller Haß und unfähig zur bedingungslosen Liebe sein werden, solange wir Urteile fällten. Und ich wußte, daß es das war, was sie wollte: ihrem Mann bedingungslose Liebe schenken.

Ich schlug ihr vor, Gott zu vergeben und zu versuchen, ihren und Seinen Willen eins werden zu lassen. Ich sagte ihr weiterhin, daß sie in ihm nur das Licht der Liebe und nicht mehr seinen Körper sehen solle. Sie solle ihr Licht der Liebe, das Wesen ihres Seins, nur mit seinem Licht der Liebe verbinden.

Drei Wochen später, nachdem ihr Mann gestorben war, schrieb sie mir und erzählte mir von dem Frieden und der Freude, die sie nach unserem letzten Gespräch erlebt hatte. Sie fügte hinzu, daß sie sich immer noch eins mit ihrem Mann fühle und seine Gegenwart ständig spüre. Welche Freiheit können wir doch erleben, wenn wir nicht dauernd den Drang zur Kontrolle und Verurteilung verspüren. Der Tod ist kein Verlust, wenn man die Welt mit den Augen der Liebe betrachtet und auf Gott vertraut.

Dazu paßt auch die Geschichte einer Mutter, die wußte, daß Tod und Trennung nicht existierten. Sie schrieb mir, als ihre achtzehn Jahre alte Tochter, mit der ich schon gearbeitet hatte, an Leukämie starb. Sie erzählte mir in ihrem Brief, daß viele Leute ihr ihr Mitgefühl ausdrückten und sie ihnen antwortete: »Wenn jemand verloren ist, bedeutet das, daß man nicht weiß, wo er ist. Ich aber weiß, wo meine Tochter ist; sie und ihre Liebe wohnen für immer im Herzen Gottes und auch mitten in meinem.« Wie diese Beispiele zeigen, ist es möglich, aus dem Schlaf der Illusion zu erwachen, die Gegenwart der Liebe Gottes in uns zu spüren und die Vorstellung vom Körper als unserer Wirklichkeit aufzugeben. Wir sollen wissen, daß die »Verbindung nie abreißt, auch wenn es den Körper nicht mehr gibt, natürlich vorausgesetzt, daß wir nicht an die Notwendigkeit des Körpers zur kommunikativen Verbindung glauben«. Wollte uns das nicht auch Jesus mit seiner Auferstehung mitteilen?

Der geheilte Geist kennt keine Angst mehr vor dem Tod.
Diese frohe Botschaft ist noch genauso aktuell wie vor 2000 Jahren. Mit einem geheilten Geist wissen wir, daß es den Tod nicht gibt, daß das Leben nie aufhört und daß Gottes Liebe und unsere Beziehung zu ihm die einzige Möglichkeit sind, die es gibt.

Schritte, wie wir die heutige Lektion in unsere Alltagserfahrungen integrieren können
1. Stell dir vor, daß heute jeder, den du siehst oder an den du denkst, einen strahlenden Lichtkranz trägt. Sei gewiß, daß das Licht, das du siehst, die Liebe ist, und daß sie das wahre Wesen dieser Person widerspiegelt. Stell dir dazu vor, daß du auch einen solchen Lichtkranz trägst und daß sich deiner mit denen der anderen verbindet. Das Licht, das du siehst, wird nie verlöschen, da es eine Reflexion der ewigen Liebe ist, der schöpferischen Kraft des Universums.
2. Schließe deine Augen und denke an jemand den du kennst, der gestorben ist. Laß es zu, daß du die liebende Gegenwart dieser Person in deinem Herzen spürst. Erkenne, daß du für immer mit dieser Person verbunden bist, denn die Liebe verbindet nur und stirbt nie.

3. Erinnere dich daran, daß du ohne Angst- und Schuldgefühle erkennen wirst, daß die Liebe deine einzige Wirklichkeit darstellt, und daß es mit einem geheilten Geist keinen Tod gibt. Wiederhole heute den ganzen Tag über den Satz: »Ich bin kein Körper; ich bin frei. Denn ich bin noch immer so, wie Gott mich erschaffen hat.«

4. Lies mindestens einmal am Tag folgendes Gedicht und behalte dabei im Auge, daß deine wahre Identität nicht aus deinem Körper besteht, sondern aus einem nichtkörperlichen Wesen, das man Liebe nennt.

*Heilung**

Denk nicht an Körper, wenn du heilst, laß nicht
Den Geist mit Dunkelheit und Illusion
Dir schlagen, s'ist nicht nötig. Heilen ist
All solches Denken zu vermeiden. Nur
Den einzigen Gedanken laß dich führ'n:
Dein Bruder ist mit deiner Seele eins,
Und Körperliches, das den Frieden stört,
Kann so nicht als Gefahr dem Sohn entsteh'n,
Den Gott – nach sich – bar jeder Sünde schuf.
Denk niemals an den Körper. Heilen ist
Idee der Einheit. Drum vergiß all das,
Was trennt. Arznei hat deines Bruders Schmerz
Nur eine – und sie hilft auch dir:
Er wird zum Ganzen, weil mit dir vereint,
Und, weil mit ihm vereint, wirst du geheilt.

* Helen Schucman, The Gifts of God; Übersetzung: Thomas Pampuch.

Lektion 7: Wenn ich Liebe gebe, wird die Liebe bei mir bleiben

> Bei denen, die Frieden gewähren, stellt sich der Frieden von selbst ein.

Wir können anderen keine Liebe und keinen Frieden geben, wenn wir beides nicht auch für uns selbst angenommen haben. Frieden und Liebe wachsen von innen heraus, nicht von außen. Sehr leicht vergessen wir dieses Prinzip, und wenn wir es vergessen, sind Konflikt und Leid schon wieder vorprogrammiert.

Die Liebe erneuert sich von selbst

Wenn wir in unserem Leben einen Mangel an Liebe verspüren, benehmen wir uns häufig so, als wären wir Autos, denen das Benzin ausgegangen ist. Verzweifelt suchen wir jemanden, der uns eine »Füllung« Liebe gibt, damit wir »weiterlaufen« können. Wir vergessen, daß die Liebe – die sich ständig erneuert, wenn wir sie an andere weitergeben – den Wesensgehalt unseres Seins darstellt. Statt dessen begreifen wir sie als etwas, was uns von anderen in beschränkten Mengen gegeben wird, so daß wir ständig fürchten müssen, daß sie uns »ausgeht«.

Die Suche nach Liebe

Viele von uns verbringen viel Zeit damit, nach Liebe zu suchen, weil wir glauben, daß das, was wir wollen und brauchen, außerhalb von uns selbst liegt. Wir hören nicht damit auf, in andere Erwartungen zu setzen, damit sie unsere Bedürfnisse erfüllen, und sind dann früher oder später wieder genauso frustriert, weil wir nicht das bekommen, was scheinbar unser

Wunsch ist. Deswegen fühlen wir uns häufig deprimiert, frustriert und haben Probleme. Wir verspüren auch gerechtfertigten Zorn, und in unseren Köpfen sammeln sich rachsüchtige und unversöhnliche Gedanken. Wenn wir nach Liebe suchen, wird auch die Versuchung immer stärker, uns nur mit unserem Körper zu identifizieren, als ob diese verzerrte und beschränkte Vorstellung von der Wirklichkeit tatsächlich widerspiegeln würde, wer wir in Wahrheit sind.

Der Grund, warum wir diese beschränkten, negativen Gedanken und Gefühle hegen, liegt darin, daß wir unsere Kraft opfern. Wenn wir andere für uns entscheiden lassen, ob wir uns friedlich oder streitsüchtig verhalten werden, bestärken wir uns selbst in dem Glauben, daß wir die Opfer der Welt sind. Wenn wir vergessen, daß wir allein für unseren inneren Frieden verantwortlich sind, ziehen wir den falschen Schluß, daß für alles, was uns zustößt, jemand oder etwas außerhalb von uns selbst die Schuld trägt.

Das Gesetz vom Überfluß

Es gibt aber eine andere Sehweise der Welt, nämlich zu erkennen, daß unser wahres Wesen spirituell ist, daß unsere Wirklichkeit die Liebe ist und unser Körper nur eine Hülle. Wir müssen wissen, daß der Geist aller miteinander verbunden ist und daß es keine Trennung gibt.

Im 23. Psalm werden wir daran erinnert: ». . . und schenkest mir voll ein«; das Gesetz der Liebe ist das Gesetz vom Überfluß. Für mich bedeutet das: Wenn wir die Wahrheit annehmen, nämlich daß wir so bleiben, wie Gott uns erschaffen hat, wird es uns an nichts fehlen, denn Er hat uns mit allem ausgestattet, was wir brauchen. Wahr ist auch, daß die einzige Möglichkeit, wie man Liebe bekommt, darin besteht, sie herzugeben, und, da das Gesetz der Liebe das des Überflusses ist, heißt das: Je mehr wir hergeben, desto mehr bekommen wir.

Etwa sechs Monate nachdem der Film E. T. herauskam, fand ich die Zeit, nach einem Vortrag in Seattle in die Sieben Uhr-Vorstellung in einem kleinen Kino zu gehen. Ich ging alleine hin und setzte mich an den Rand, neben eine Mutter, die ihren vier Jahre alten Sohn auf dem Schoß hatte.

Im Kino brannte noch Licht, und während wir auf den Beginn des Films warteten, sagte ich zu dem Kind: »Mensch, du hast bestimmt den weichsten Sitz im ganzen Kino!«

Er lächelte scheu und sagte: »Ich weiß schon.« Dann sah er zu mir auf und fragte mich: »Stimmt es, daß in dem Film viele Leute weinen müssen?«

Ich antwortete: »Ja, davon habe ich auch schon gehört.« Dann sah er mich von oben bis unten an und sagte: »Aber du bist doch schon groß. Und große Männer weinen doch nicht, oder?« Ich antwortete: »Doch, ich weine sogar oft, wenn ich traurig bin. Und manchmal weine ich sogar, wenn ich glücklich bin.« Da schüttelte er seinen Kopf und sagte: »Nein, das glaube ich nicht. Große Männer weinen nicht.«

Dann gingen die Lichter aus und der Film fing an. Etwa in der Mitte des Films spürte ich auf einmal, wie mich jemand am Arm zupfte. Ich bemerkte, wie mir ein kleines Gesicht in die Augen schaute und zu mir sagte: »Nicht wahr, du weinst wirklich?« Und dann wischte er sich eine Träne von der Backe und sagte: »Weißt du, ich muß auch weinen.«

Da wurde mir klar, wie fest in unserer Kultur der Glaube verwurzelt ist, daß erwachsene Männer nicht weinen dürfen. Sie müssen sich, wenn es darum geht, Liebe und Gefühle zu zeigen, ganz anders verhalten als Kinder und Frauen. Dieses kulturell aufgezwungene Verhaltensmuster verstärkt das Gefühl des Getrennt-Seins. Und für uns alle bringt dieses Gefühl, das Gefühl, allein zu sein, den größten Kummer. Mit diesem Jungen eins zu werden, in einer Umgebung, wo wir uns beide gleichberechtigt und sicher fühlten, um das Lachen und die Tränen miteinander zu teilen, war für mich wie ein wertvolles Geschenk. Es war für mich eine unermeßlich reiche Erfahrung, meine Liebe mit ihm zu teilen und dafür seine zu bekommen.

Flug über die Angst hinweg

Vor etlichen Jahren, im Jahr 1975, flog ich nachts von San Francisco nach New York. Dieser Flug wird auch »Red Eye-Special« genannt, weil in ihm fast ausschließlich übermüdete Geschäftsleute mit »roten Augen« sitzen. Auch ich hatte einen besonders harten Tag mit vielen Sprechstunden und Terminen gehabt und fühlte mich sehr müde. Es war ein schönes Gefühl, sich zurücklehnen und entspannen zu können – weit weg von allen Telefonaten und Terminen. Etwa nach eineinhalb Stunden Flug hörte ich eine Ansage der Stewardeß: »Befindet sich ein Arzt an Bord der Maschine? Es handelt sich um einen medizinischen Notfall!« Da ich mir sicher war, daß ein praktischer Arzt oder Internist an Bord sein müßte, meldete ich mich nicht.

Wenige Minuten später meldete sich wieder die Stewardeß, diesmal mit einer noch besorgteren Stimme: »Befindet sich ein Arzt an Bord?« Diesmal meldete ich mich. Als ich aufstand und den Mittelgang entlang ging, sagte ich verzweifelt zu mir selbst: »Lieber Gott, hilf mir!« Ich wußte ja, daß es sich um einen medizinischen Notfall handelte, und als Psychiater ohne jede allgemein-medizinische Praxis seit meiner Ausbildung fühlte ich mich dieser Aufgabe nicht gewachsen. Ich wußte, daß ich jede Hilfe brauchte, die ich nur bekommen konnte, und ich kann gar nicht schildern, wie sehr mir diese vier Worte halfen. Als ich sie ein paar Mal leise vor mich hin gesagt hatte, begann meine Angst zu verschwinden.

Ich wurde zum hinteren Teil des Flugzeuges geführt, wo ich einen Mann mittleren Alters sah, um den ein paar Leute vom Flugpersonal herumstanden. Er schien bewußtlos zu sein. Die Prüfung des Pulses ergab ein nurmehr schwaches Lebenszeichen und, da ich wußte, daß es ernst um ihn stand, begann ich sofort mit Wiederbelebungsversuchen seiner Herz- und Lungenfunktionen. Innerhalb kürzester Zeit kam sein Puls wieder zurück, war jedoch immer noch sehr schwach und unregelmäßig. Wachzustand und Bewußtlosigkeit wechselten nun ständig bei ihm ab. In einer der Wachphasen erzählte ich ihm, daß ich Arzt sei und daß es in dieser Situation das beste sei, sich gemeinsam vorzustellen, wie das Licht der Liebe Gottes uns alle umfängt. Ich erzählte ihm, daß das Licht die Erinnerung daran sei, daß wir uns sicher fühlen könnten, da Gott immer bei uns sei. Er lächelte und schien beruhigt zu sein. Ich begann, ihm Sauerstoff zu geben, und sah in seiner Brieftasche nach, ob dort vielleicht wichtige Informationen stünden, die ihm helfen könnten. Ich fand einen Zettel, aus dem hervorging, daß er an diesem Tag aus dem Krankenhaus entlassen worden war, wo er wegen eines Herzinfarkts und zu hohem Blutdruck in Behandlung gewesen war.

Der Kapitän der Maschine hatte das ganze Drama aus der Distanz betrachtet. Als ich ihm den Zustand des Mannes schilderte, bot er mir an, eine Notlandung einzuleiten, falls ich dafür Veranlassung sähe. Ich schloß meine Augen und rief wieder Gottes Hilfe an. Die Antwort, die ich bekam, war ein »Ja«. Wir landeten auf einem Flughafen in Arizona zwischen, wo ihn ein Ambulanzwagen in das nächstgelegene Krankenhaus brachte.

Ich ließ mir den Namen des Krankenhauses geben und rief am nächsten Tag von New York aus dort an, um mich nach dem Zustand des Patienten zu erkundigen. Er konnte selbst mit mir sprechen und erzählte mir, daß er sich viel besser fühle. Nach Ansicht der Ärzte müsse er nicht länger als ein paar Tage im Krankenhaus bleiben.

Die darauffolgenden Wochen bekam ich viele Briefe von der Mannschaft und den Passagieren des Flugs, in denen sie zum Ausdruck brachten, wie sehr ihnen meine Art, mit diesem Notfall umzugehen, gefallen hat. Sie erwähnten darin auch, daß ich die ganze Zeit über einen sehr friedlichen Eindruck gemacht und daß sich diese Ruhe auch auf alle anderen übertragen habe.

Ich weiß, daß sich diese Ruhe und Liebe nur deshalb ausbreiten konnte, weil ich mich dafür entschied, auf die Seite zu treten und Gott die Führung zu übergeben. Über das Resultat machte ich mir keine Sorgen; mein einziges Ziel lag darin, der Führung zu folgen, die ich brauchte, um jemandem helfen zu können, der sich in großen Schwierigkeiten befand. In meinem Herzen wußte ich auch, daß ich mich ganz anders verhalten hätte, wenn dieser Vorfall sechs Monate früher passiert wäre – d. h. bevor ich anfing, den »Kurs in Wundern« zu studieren.

Indem ich Liebe schenkte, konnte ich sie auch für mich selbst annehmen. Die Ruhe, die ich während dieses Erlebnisses empfand, bestätigte mir die Richtigkeit des Satzes: »Wenn ich Liebe gebe, wird die Liebe bei mir bleiben.« Statt mich von der Herausforderung als Mediziner überfordert zu fühlen, konnte ich mit Gottes Hilfe das tun, was nötig war. Ich blicke auf diese »Glaubenslektion« immer noch mit Dankbarkeit zurück. Der spirituelle Satz »Frage und du bekommst eine Antwort« wurde in diesem Erlebnis auf eindruckvollste Weise bestätigt.

Entscheiden wir uns heute dafür, aufzuwachen und die Gegenwart der Liebe Gottes zu spüren. Schenken wir diese Liebe heute jedem, ohne Ausnahme.

Wenn ich Liebe gebe, wird die Liebe bei mir bleiben.
Ich habe fälschlicherweise geglaubt, ich könnte einem Menschen etwas anderes geben, als ich für mich selbst will. Seitdem ich Frieden, Liebe und Vergebung für mich selbst suche, will ich diese Geschenke auch an andere weitergeben. Daß ich anderen Liebe und Vergebung anbiete, geschieht nicht aus reiner Nächstenliebe meinerseits. Nur wenn ich sie hergebe, kann ich sie auch für mich selbst behalten.

Schritte, wie wir die heutige Lektion in unsere Alltagserfahrungen integrieren können
1. Denke an eine Person in deinem Leben, auf die du baust und von der du erwartest, daß sie deinen Bedürfnissen entgegenkommt. Sage im Stillen zu dieser Person: »Ich gebe dir meine Liebe und lege nicht die Verantwortung in deine Hände, für mich zu entscheiden, ob ich mich heute streitsüchtig oder friedlich verhalten werde.« Erkenne, wenn du diesen Satz wiederholst,

daß du bereits innerlich vollkommen und ganz bist und nicht länger den Wunsch verspürst, an der Schuld festzuhalten, die ja nur aus dem Glauben heraus entsteht, daß du von anderen getrennt und doch von ihnen abhängig bist.

2. Sage zu jeder Person, der du begegnest oder an die du denkst: »Frieden, Liebe und Vergebung sind die einzigen Dinge, die ich für mich selbst will und deshalb schenke ich sie auch dir.«

3. Entscheide dich mit jeder Stunde, die heute vergeht, dafür, daß jetzt die Zeit ist, an andere Frieden und nicht Streit weiterzugeben.

4. Wenn du dich heute deprimiert und voller Angst und Schuld fühlst, suche dir jemanden – ganz gleich wen – aus und konzentriere dich nur eine Sekunde lang darauf, diese Person vollständig zu lieben. Du brauchst kein Wort zu sagen, und die Person muß auch nicht in deiner Nähe sein. Gib nur deine ganze Liebe dieser Person und du wirst die heilende Kraft der Liebe auch für dich selbst spüren.

5. Lerne heute, daß Geben und Nehmen dasselbe sind, und sage in jeder Situation, die du tagsüber erlebst, zu dir selbst: »Wenn ich Liebe gebe, wird die Liebe bei mir bleiben.« Gebe ich im Moment das, was ich auch für mich selbst will?

Lektion 8: Vergebung befreit mich von den Fesseln der Vergangenheit

Befreie dich von der Schuld und du wirst frei sein.

Wenn wir in unserem Leben auf Schwierigkeiten stoßen oder zuwenig Liebe bekommen, sind wir oft versucht, nach Menschen oder Situationen unserer Umwelt zu schielen, denen wir die Schuld geben können. Vergebung bedeutet, sich von all dem zu befreien, was uns die Menschen, die Welt oder Gott vermeintlich angetan haben, aber auch von dem, was wir glauben, den anderen angetan zu haben. Mit Hilfe einer Art von »himmlischem Gedächtnisschwund«, d. h. einer selektiven Erinnerung, können wir uns von allen Dingen der Vergangenheit, die nichts mit dem Geben und Empfangen von Liebe zu tun hatten, freimachen. Durch Vergebung werden alle unseren falschen Vorstellungen richtiggestellt.

Im »Kurs in Wundern« findet sich eine wunderschöne Beschreibung dessen, was Vergebung heißt. Diese Beschreibung hat mir selbst schon so oft dabei geholfen, mich von meiner Vergangenheit zu lösen, daß ich sie hier an dieser Stelle mit allen meinen Lesern teilen möchte.

Die Vergebung malt ein Bild von der Welt, in der das Leiden vorüber ist, in der Verlust unmöglich und Zorn unsinnig geworden ist. Der Streit ist vorbei, die Verrücktheit hat ein Ende. Welches Leid kann man sich jetzt noch vorstellen? Welchen Verlust? Die Welt ist zum Ort der Freude, des Überflusses, der ewigen Liebe geworden. Sie ist nun dem Himmel so ähnlich, daß sie sich blitzschnell in ein Licht verwandelt. So endet die Reise, die der Sohn Gottes begann, in dem Licht, aus dem er kam.

Grundregeln für den Frieden

Um Vergebung üben zu können, müssen wir uns allein auf unseren inneren Frieden besinnen. Zur Gedächtnisstütze habe ich drei Grundregeln für den Frieden aufgestellt:
Der innere Friede, der Friede Gottes, soll mein einziges Ziel sein.
Vergebung ist meine einzige Bestimmung.
Ich verschiebe jede Entscheidung, bis ich meinen Geist beruhigt und auf meine innere Stimme gehört habe. (Andere Namen für »innere Stimme« sind: Stimme Gottes, innerer Lehrer, Intuition.)

Blockaden unserer Bereitschaft zum Frieden

Ich bin davon überzeugt, daß uns Kinder am besten beibringen können, was Vergebung ist, denn sie vergeben so viel schneller und leichter als wir Erwachsenen. Man braucht nur daran zu denken, wie oft man Kinder schon zueinander sagen hat hören: »Mit dir spiel' ich nie mehr im Leben!« Und nur Momente später sieht man sie wieder fröhlich im Spiel vereint, als ob nichts geschehen wäre. Und wir Erwachsenen glauben die Berechtigung zu haben, unseren Groll und Zorn monatelang – ja oft jahrelang – mit uns herumzutragen. Wir vergessen, daß alle unsere streitvollen Gedanken ihren Anfang in unseren Köpfen haben. Wenn wir gegenüber anderen unversöhnlich sind, heißt das nur, daß wir uns selbst nicht vergeben können.
Die Ziele unseres Egos sind Streit, Zorn, Mord und Krieg. Der innere Friede ist sein Feind. Unser Ego versucht seine Ziele durchzusetzen, indem es ständig unser eigenes Verhalten beobachtet oder die Reaktionen anderer beurteilt, mit dem Zweck festzusetzen, wer schuldig ist. Wie ein Roboter produziert es ständig wieder neue Schuld, indem es verurteilt, verdammt und bestraft.
Solange wir in dem Glauben leben, daß unsere Sinnesorgane uns

die Wirklichkeit widerspiegeln, werden wir versucht sein, Urteile zu fällen und Verurteilungen auszusprechen. Und in dem Moment, in dem wir eine solche Verurteilung aussprechen, ist unser innerer Frieden dahin, die Gegenwart Gottes verschwindet.

Vergebung – die Herausforderung unseres Lebens

Kürzlich hatte ich ein Erlebnis, bei dem mein Ego sich so richtig »austoben« konnte. Ich ertappte mich dabei, wie ich versucht war, das Verhalten verschiedener Leute, die in eine äußerst tragische Geschichte verwickelt waren, zu interpretieren und zu verurteilen. Folgendes war geschehen:

Ich bekam einen Telefonanruf von einer Frau, die mir erzählte, daß sie sich auf dem spirituellen Weg befände und den »Kurs in Wundern« studiere. Sie erzählte weiter, daß sie zwar vom Kopf her wüßte, daß Gottes Liebe ihre einzige Wirklichkeit darstellte und alles andere Illusion sei, daß aber zur Zeit alles um sie herum, auch ihre eigenen Schuldgefühle, so real wirkten.

Sie erzählte mir dann, daß während des letzten Jahres im ganzen Land Zeitungsartikel erschienen wären, in denen davon berichtet wurde, wie ein zweieinhalbjähriges Mädchen von einem erwachsenen Mann und einem Jugendlichen entführt und zehn Monate lang in einem Kleinbus festgehalten worden war. Während dieser Zeit war das Kind wiederholt Opfer sexuellen Mißbrauchs gewesen. Die beiden Täter wurden schließlich festgenommen, und der erwachsene Mann wurde schließlich, nach langer Verhandlung, zu fünfhundert Jahren Gefängnis ohne Bewährung verurteilt.

Die Frau erzählte mir, daß ihr Name Cabarga und der jugendliche Täter ihr Sohn Alex sei. Sie fügte hinzu, daß Alex in Kürze sein Urteil erwarten würde, und sie fragte mich, ob ich wüßte, wie sie ihren inneren Frieden finden könnte. Ich wußte wirklich nicht, was ich ihr Hilfreiches sagen konnte, doch ich lud sie für den nächsten Tag in mein Büro ein. Mein innerer Führer riet mir, für das Gespräch die Energie einer Frau hinzuzuziehen und, nachdem ich dies mit Mrs. Cabarga abgeklärt hatte, lud ich meine liebe Freundin und spirituelle Partnerin Diane Cirincione zu dem Gespräch mit ein.

Mrs. Cabarga erzählte uns folgende Geschichte. Vor ein paar Jahren hatten sie und ihr Mann bei einem Wohngemeinschafts-projekt in San Francisco mitgemacht, weil sie darin einen Aus-weg aus ihrer familiären Krise sahen. Ihr Sohn Alex, das jüngste von fünf Kindern, war damals neun Jahre alt. Als sich aber die Probleme in der Familie auch in der neuen Umgebung nicht lösten, geriet Mrs. Cabarga in eine schwere psychische Krise. Mit der Unterstützung ihres Mannes und ihrer Kinder faßte sie den Entschluß, das Wohnprojekt zu verlassen und woanders alleine zu leben. Sie war sich mit ihrem Mann einig, daß Alex bei »Tree Frog« bleiben konnte, einem Mann aus der Wohngemein-schaft, der den Anschein machte, als hätte er Kinder sehr gern, und sich um Alex bereits ein wenig angenommen hatte.

Später zogen sie und ihr Mann wieder zusammen und sahen Alex etwa einmal im Monat. Als Alex achtzehn Jahre alt wurde, beschlossen die Eltern, eine Party für ihn zu geben. Alex tauchte jedoch nicht auf dem Fest auf. Am nächsten Tag stand in den Zeitungen, daß Alex und sein »Beschützer«, Tree Frog, verhaftet worden waren und beschuldigt wurden, ein Kind gekidnappt und sexuell mißbraucht zu haben.

Mrs. Cabargas Schuldgefühle und Selbstvorwürfe waren riesen-groß. Sie überzeugte sich selbst davon, daß sie eine der verant-wortungslosesten, verachtenswertesten und selbstsüchtigsten Frauen der Welt sei. Die Berichterstattung in den Medien ver-stärkte darüber hinaus das negative Bild ihrer selbst.

Wie sich jetzt herausstellte, war ihr Sohn neun Jahre lang von Tree Frog geschlagen, mißhandelt und sexuell mißbraucht wor-den. Mrs. Cabarga erzählte, daß die Gerichtspsychiaterin und viele andere, die die Details des Falls kannten, der Ansicht waren, daß Alex ein Opfer war, das Behandlung brauchte. Es sah jedoch danach aus, daß, wegen der großen öffentlichen Empö-rung über den Fall, ihr Sohn nicht in ein Rehabilitationspro-gramm für Jugendliche käme, sondern wie ein erwachsener

Krimineller zu einer lebenslänglichen Gefängnisstrafe verurteilt werden würde.

Menschlich gesehen ist es, glaube ich, äußerst schwierig, für alle Beteiligten dieses grauenhaften Szenarios das gleiche Mitgefühl zu zeigen. Man will sein Herz ganz den tragischen Umständen öffnen, denen das kleine Mädchen und ihre Eltern ausgesetzt waren und sind. Und man ist versucht, einen gerechten Zorn den beiden Verhafteten gegenüber zu empfinden. Im Urteil des Egos sind einige Dinge, die passieren, unverzeihlich.

Ich bin jedoch davon überzeugt, daß wir keinen inneren Frieden erleben können, solange wir nicht unsere Herzen und unseren Geist für alle öffnen, allen gleichermaßen Mitgefühl, Liebe und vollkommene Vergebung entgegenbringen. Sonst können wir auch anderen keinen Frieden schenken; wir werden nur dazu beitragen, daß der Streit in der Welt nie ein Ende hat. Gleichzeitig müssen wir aber daran denken, daß Vergebung nicht bedeutet, daß wir die Geschehnisse entschuldigen oder gar gutheißen müssen.

Während des Gesprächs mit Mrs. Cabarga fiel mir ein, daß ich die darauffolgende Stunde eine Gruppensitzung im »Zentrum für die Heilung von Einstellungen« zu halten hatte. In dieser öffentlichen Sitzung werden einmal pro Woche die Prinzipien für die Heilung von Einstellungen im Detail erörtert. Diane und ich beschlossen, Mrs. Cabarga zu dieser Sitzung einzuladen, in der Hoffnung, daß sie dort etwas erleben könnte, was ihr bisher noch nie begegnet war – bedingungslose Liebe, Akzeptanz und Vergebung. Die Sitzung wurde zu einem besonders starken Erlebnis für uns alle, Mrs. Cabarga eingeschlossen, da wir Gelegenheit hatten, unsere Versuchung, andere zu verurteilen und ihnen nicht zu vergeben, kritisch zu reflektieren.

In der darauffolgenden Woche fragte Mrs. Cabarga Diane und mich, ob wir Alex im Gefängnis besuchen würden. Nachdem wir uns die Erlaubnis vom Gericht geholt hatten, besuchten wir ihn. Während der vielen Monate, die er im Gefängnis verbracht hatte, war er sehr stark in sich gegangen und hatte die Verantwortung für seine Tat übernommen. Alex war außerdem dabei, sich Gott zuzuwenden, und half anderen, wann immer er konnte.

Bevor wir ihn wieder verließen, fragte ich ihn, was er in Bezug auf das, was er über sich selbst erfahren hat, anderen raten würde. Alex antwortete: »Hab' keine Angst davor, in dich hineinzuschauen. Hab' keine Angst, etwas über dich in Erfahrung zu bringen, denn nur dann kannst du damit anfangen, etwas dagegen zu unternehmen und dich zu befreien. Ansonsten wird dein Geist immer eingesperrt bleiben, und das ist schlimmer als das Gefängnis, in dem ich hier bin.«

Alex erzählte uns auch, daß er sehr viel über die Vergebung nachgedacht habe. Er hatte Tree Frog gegenüber enorme Haßgefühle empfunden, als er während des Prozesses die volle Tragweite von Tree Frogs verderblichem Einfluß erkannte. Er wußte jedoch tief in seinem Herzen, daß er niemals echten inneren Frieden wird finden können, wenn er seinem Peiniger nicht vollkommen vergeben würde. Er sagte, obwohl es ihm nicht leicht fiele, würde er doch versuchen, Tree Frog jeden Tag »im Licht« zu sehen.

Kürzlich wurde Alex Cabarga zu 208 Jahren Gefängnis verurteilt.

Aus den Medien erfahren wir, daß die Zahl der Fälle sexuellen Mißbrauchs ständig steigt, und wir hören von dem Schaden, den alle Beteiligten dabei nehmen. In gewisser Weise kann man es als ein Problem spiritueller Verarmung ansehen – das Gefühl, von der Liebe Gottes und der Liebe aller Menschen ausgeschlossen zu sein. Etwas, das unter der Oberfläche unserer amerikanischen Kultur liegt, scheint auszurufen: »Hilfe, ich fühle mich so allein. Ich kenne keine Liebe in meinem Leben. Ich will Liebe, ich hab Angst vor der Liebe, ich bin ganz durcheinander. Hilf mir, die Liebe zu finden!«

Ich glaube, daß unsere Gesellschaft, ja die ganze Welt, nur dann geheilt werden kann, wenn wir lernen, jedem zu vergeben und niemandem unsere Liebe vorzuenthalten. Für mich ist die heilende Kraft der Vergebung das wichtigste Lebenskonzept, da sie uns freimacht, uns selbst und die Welt mit anderen Augen zu betrachten. Laßt uns folgende Gedanken immer im Herzen behalten:

Vergebung befreit mich von den Fesseln meiner Vergangenheit.
Immer wenn ich jemanden als schuldig betrachte, verstärke ich nur meine eigenen Schuld- und Minderwertigkeitsgefühle. Ich kann mir selbst nicht vergeben, wenn ich nicht dazu bereit bin, anderen zu vergeben. Es spielt keine Rolle, was mir jemand in der Vergangenheit vermeintlich angetan hat oder, was ich glaube, daß ich jemandem zugefügt habe. Nur durch Vergebung ist meine Befreiung von der Schuld und der Angst vollkommen.

Schritte, wie wir die heutige Lektion in unsere Alltagserfahrungen integrieren können
1. Wenn du dich heute dabei ertappst, wie du jemandem Schuld gibst, halte inne und denke über folgendes nach. Wenn du die gleiche Kindheit und die gleichen Lebenserfahrungen gehabt hättest, wie die Person, der du Vorwürfe machst, wäre es dann nicht denkbar, daß du dich in ähnlicher Weise verhalten würdest? Erkenne nun in dieser Person jenes ängstliche und verschreckte Kind, das sich nicht so verhielte, würde es die vollkommene Liebe spüren. Vergib dieser Person und schenke ihr Liebe.
2. Wiederhole mindestens zweimal am Tag die »Drei Grundregeln für den Frieden«:
Der innere Friede, der Friede Gottes soll mein einziges Ziel sein.
Vergebung soll meine einzige Bestimmung sein.
Ich verschiebe jede Entscheidung heute, bis ich meinen Geist beruhigt und auf meine innere Stimme gehört habe.
3. Wenn du heute die Versuchung verspürst – ganz gleich ob es gerechtfertigt erscheint oder nicht – jemandem Vorwürfe zu machen, denke daran, daß wir in den liebevollen Augen Gottes alle ohne Sünde und Schuld sind.

4. Nimm dir für den heutigen Tag vor, alle früheren Fehleinschätzungen über dich und andere sein zu lassen. Sei stattdessen bereit, dich mit jedem, den du triffst oder an den du denkst, zu verbinden und sprich: »Ich sehe dich und mich nur im Lichte wahrer Vergebung.«

5. Nimm das Glück und die Freude an, die du heute gewonnen hast, als du dir und anderen vollständig vergeben hast.

Lektion 9: Ich kann die Liebe nur im Hier und Jetzt erleben

> Wenn du die Liebe in dir hast, willst du nichts weiter, als sie an andere weitergeben.

Liebe läßt sich nur im Moment erfahren, und nur durch die Liebe können wir die Zeit hinter uns lassen, hin zur Zeitlosigkeit. Obwohl es vielen von uns schwer fällt, im Hier und Jetzt zu leben, sieht man bei kleinen Kindern, die die lineare Zeitauffassung von Vergangenheit, Gegenwart und Zukunft noch nicht internalisiert haben, daß es doch möglich ist. Sie beziehen sich ausschließlich auf die unmittelbare Gegenwart, und ihnen ist deshalb – das ist meine Überzeugung – eine Welt, die auf Trennung und Isolierung basiert, im Gegensatz zu uns Erwachsenen gänzlich unbekannt.

Ein Neugeborenes ist ein wunderschönes Sinnbild bedingungsloser Liebe. Kleinkindern ist die Vergangenheit oder die Zukunft ihrer Eltern gleichgültig; ihnen ist egal, wie sie aussehen oder wie sie sprechen oder sogar, ob sie es wert sind, geliebt zu werden. Wissen ist für das Kind keine Anhäufung von zusammenhanglosen Fakten, sondern es kennt nur die Liebe, das wahre Wissen. Liebe ist das Wesen des Neugeborenen, und das Licht, das es ausstrahlt, kann nur das Licht Gottes sein. Mit der Bereitschaft, zu vertrauen und jeden Augenblick voll auszuleben, lehrt uns ein neugeborenes Kind, daß jeder Moment eine neue Gelegenheit bietet, die Liebe an andere weiterzugeben.

Wie das Ego von der Zeit Gebrauch macht

Unser Ego hat mit der Zeit etwas ganz anderes im Sinn. Es benutzt die Zeit, um zu verurteilen, anzugreifen und zu trennen. Wie wir bereits erörtert haben, will uns unser Ego glauben machen, daß unsere Wirklichkeit auf den Informationen basiert,

137

die unser Gehirn von den Sinnesorganen »eingespeist« bekommt. Dieser »Input« wird dann in Bezug auf die Vergangenheit, Gegenwart und Zukunft interpretiert. Die lineare Zeitabfolge wird so zur notwendigen Überlebensausrüstung unseres Egos.

Dieses Glaubenssystem, dem die meisten von uns noch anhängen, ermutigt uns dazu, unsere Lernerfahrung aus der Vergangenheit in die Zukunft zu projizieren, und stellt damit sicher, daß die Zukunft so wie die Vergangenheit sein wird. Indem wir so unser Bedürfnis, alles kontrollieren und vorausbestimmen zu wollen, befriedigen, verbauen wir uns die Möglichkeit, Liebe und Glückseligkeit im Hier und Jetzt zu erleben. Vergleichen wir doch einmal diese auf Angst basierende Projektion mit der Art eines neugeborenen Kindes, das die Zukunft gar nicht kontrollieren muß und sein ganzes Sein nur auf den jetzigen Moment konzentriert.

»Ein Kurs in Wundern« stellt fest, daß der wahre Zweck der Zeit der ist zu erkennen, daß »Gott für uns vollkommene Glückseligkeit will«, und zwar sofort.

Gottes Gegenwart

Gottes Gegenwart kann nur im gegenwärtigen Moment erfahren werden. In dem Augenblick, in dem wir in der Vergangenheit leben oder in die Zukunft schielen, lassen wir es zu, daß das Ego unsere Fähigkeit, Gottes Liebe im Jetzt zu erleben, blockiert. Wenn wir wirklich erwachen und die Realität der Liebe spüren wollen – wo Angst und Sorgen nicht mehr vorhanden sind –, müssen wir zuerst gewillt sein, unsere Neigung, Vergangenes in die Zukunft zu projizieren, aufzugeben. Erst dann können wir erkennen, daß unser eigentlicher Zustand der der Liebe, der Freude und des Friedens ist.

Jeder von uns kann sich für einen Moment lang darauf besinnen, den Frieden Gottes als sein einziges Ziel und die Vergebung als seine einzige Bestimmung zu betrachten. In diesem Augenblick können wir all unsere Verurteilungen und Bewertungen aufgeben und darauf vertrauen, daß uns die Stimme der Liebe richtig führen wird. Wenn wir bereit sind, dies nur einen Moment lang zu tun, kann unsere Zukunft zu einer Erweiterung der Gegenwart voller Liebe und Frieden werden, die niemals aufhört.

Botschafter der Wahrheit

Zur Übung der heutigen Lektion finde ich die folgende Vorstellung hilfreich. Stell dir vor, das gesamte Universum sei nur aus Licht gemacht und du wärst im Zentrum dieses Lichts – im Herzen Gottes. Erkenne, daß deine einzige Wirklichkeit das Licht ist. Begib dich nun, während du im Bewußtsein dieses Lichts bleibst, in die Welt der Illusion auf dem Planeten Erde. Stell dir vor, daß du – während du diese eine Sekunde lang auf der Erde bist – nur *dein* Licht in den anderen zum Leuchten bringen mußt. Begib dich dann wieder ins Zentrum des Lichts. Du warst diesen einen, kurzen Moment lang, während du in der Welt der Illusion warst, ein Botschafter Gottes, ein Botschafter der Wahrheit, der Licht und Liebe in eine Welt voller Dunkelheit und Furcht gebracht hat.

Als Botschafter der Liebe müssen wir nicht andere bewerten und verurteilen; wir haben nichts weiter zu tun, als das Licht Christi, das schon immer in uns gewesen ist, herauszulassen. Es scheint auf alles und schließt nichts aus. Wenn wir uns dieses Bild immer wieder vorstellen, und uns dabei in Erinnerung rufen, daß »ich die Liebe nur im Hier und Jetzt spüren kann«, wird unser Geist große Freude empfinden, denn wir haben das Licht in eine Welt voller Dunkelheit gebracht. Auf diese Weise erlangen wir das Bewußtsein, niemals das Herz Gottes, unser wirkliches Zuhause, verlassen zu haben.

An dieser Stelle würde ich gern etwas über die »Redwoods« erzählen, einem Altenheim in Mill Valley, California. Dieses Projekt wurde vor ein paar Jahren von Mary Cole ins Leben gerufen, einer wunderbaren, 87jährigen Frau, die dort lebt. Mary hatte über unsere Arbeit im Zentrum für die Heilung von Einstellungen gelesen und war der Auffassung, unsere Prinzipien könnten für sie selbst und für andere ältere Menschen von großem Nutzen sein.

Die Prämisse, die Mary aufstellte, war die, daß die meisten Menschen in Altenheimen viel Zeit damit verbringen, in der Vergangenheit zu leben und ängstlich in die Zukunft zu schauen. Sie sind meist voll von Groll und sie beklagen sich ständig – am häufigsten darüber, zu wenig Besuch von Familienangehörigen und Freunden zu bekommen. Ihre Gedanken kreisen um körperliche Beschwerden, und die Versuchung, sich selbst zu bemitleiden, ist groß. Ihr Gefühl der Hilflosigkeit und Einsamkeit trägt dazu bei, daß sie ihr Leben meist nur noch mit verzweifelten und hoffnungslosen Augen betrachten.

Mary fragte uns, ob wir ihr dabei helfen könnten, ein Programm zur Heilung von Einstellungen in den »Redwoods« zu starten, damit die alten Menschen dort die Chance erhielten, die Welt mit anderen Augen zu sehen. Wir nahmen ihre Einladung gerne an und arbeiten seither mit ihr zusammen an diesem Projekt. Es besteht aus wöchentlichen Gruppendiskussionen, in denen es um die Heilung von Einstellungen geht. Mary und ein bis zwei Mitarbeiter des Zentrums leiten die Gruppen, und manchmal nehme auch ich an den Diskussionen teil.

Der Zweck dieser Treffen ist, den Bewohnern des Heims dabei zu helfen, die Prinzipien unseres Zentrums auf ihr tägliches Leben zu übertragen. Ich empfinde es als besondere Gnade, Zeuge dieses Prozesses sein zu dürfen. Wenn man sieht, wie sich Betrachtungsweisen ändern können, wie die Menschen ein Gefühl von Würde entwickeln und erkennen, daß sie von anderen gebraucht werden, dann wird man in dem Glauben bestärkt, daß ein persönlicher Reifeprozeß in jedem Alter möglich ist. Die Eckpfeiler dieser persönlichen Entwicklung sind der Glaube, das Vertrauen in Gott, bedingungslose Liebe, Vergebung und die Freude, im Augenblick zu leben.

Letzten Herbst war mein Terminkalender so ungewöhnlich voll, daß ich ein paar Monate lang das »Redwoods«-Heim nicht besuchen konnte. Im Januar hatte ich dann wieder etwas mehr »Luft« und konnte wieder einen Besuch einplanen. Auf dem Weg dorthin kam ich an einem Blumenladen vorbei und ich dachte mir, daß es Spaß machen würde, jedem in der Gruppe eine Blume mitzubringen; ich kaufte also drei Dutzend Rosen.

Auf die Wellen von Dankbarkeit, die mir daraufhin entgegenschlugen, war ich allerdings nicht vorbereitet. Mir dämmerte, daß es für viele sicher Jahre her sein mußte, daß ihnen jemand Blumen mitgebracht hat. Bei meinem darauffolgenden Besuch erfuhr ich, daß einige sogar ihre Rose jede Nacht in den Kühlschrank gelegt hatten, so daß sie länger frisch blieb. Ich war davon überwältigt, daß so ein kleines Mitbringsel eine solche Freude bereiten konnte – nicht nur den Beschenkten, sondern auch mir selbst. Dieses Erlebnis bewies mir einmal mehr, daß Geben und Nehmen in Wahrheit ein und dasselbe sind.

Wenige Wochen danach sagte mir meine innere Stimme während einer morgendlichen Meditation folgendes: Kinder sollten jedem der dreihundert Bewohner des »Redwood«-Heims persönlich zum Valentinstag eine Rose überreichen – zusammen mit einer kleinen Umarmung. Ich schlug dieses Projekt Mary und den Mitarbeitern des Zentrums vor, und sie waren sofort begeistert. Sofort machten wir uns an die Planung für diese Valentinsüberraschung.

Zuerst stellten wir die Kinder für das Projekt zusammen; Kinder vom Zentrum, aber auch Kinder von Mitarbeitern und Freunden sollten mitmachen. Danach versuchte ein Freiwilliger vom Zentrum, die Blumen bei einem Blumengroßmarkt en gros verbilligt zu bekommen. Er bekam jedoch einen abschlägigen Bescheid, da man ihm sagte, daß zu dieser Jahreszeit eine große Nachfrage an Blumen bestünde. Wenige Tage später vermittelte ein Freund von mir den Kontakt zu einem Blumenzüchter, der den Blumen-großmarkt belieferte. Als ich ihn anrief und meine Bitte vor-brachte, bot er uns die Blumen spontan umsonst an. Er sagte: »Geld ist ja wirklich nicht alles. Was zählt, ist anderen zu hel-fen – und das Geschenk macht nicht nur diese Menschen glück-lich, es wird auch meinen Valentinstag zum schönsten meines Lebens machen.«

Wir brauchten nun als nächstes dreihundert Gefäße, in die wir die Rosen stecken konnten. Vasen wären zu teuer gewesen, und so fiel mir ein, daß auch leere Perrierflaschen unser Problem lösen könnten. Die Gaststätten in Tiburon zeigten sich gleich sehr kooperativ und versprachen, leere Flaschen für uns zu sammeln. Es stellte sich aber bald heraus, daß wir die dreihundert Flaschen zum Valentinstag nicht zusammenbekommen würden. Jemand kam auf die Idee, die nahegelegene Mineralwasserfabrik anzuru-fen und sie zu fragen, ob sie uns bei der Beschaffung der leeren Flaschen behilflich sein könnten. Als wir ihnen von unserem Projekt erzählten, waren sie sofort bereit, uns die leeren Flaschen umsonst zu liefern. Als ich spät am Morgen des Valentinstags ins Zentrum kam, fand ich dort 350 Flaschen – ungeöffnet und voll von sprudelndem Mineralwasser! Zuerst dachten wir, uns würde sich ein weiteres Problem in den Weg stellen. Wir hatten nicht mehr genug Zeit, die Flaschen auszuleeren, und wir waren uns nicht sicher, ob das Mineralwasser den Blumen schaden würde. Wir lernten jedoch alle etwas Neues aus diesem Erlebnis. Wir fanden heraus, daß sich Rosen in Mineralwasser sogar besser hielten als in normalem Wasser!

Die Kinder gingen nun die Gänge entlang und klopften an jeder Tür. Als ihnen geöffnet wurde, stellten sie sich vor, überreichten die Rosen und umarmten jeden herzlich. Ich sah das dankbare Lächeln vieler Menschen, die bestimmt schon jahrelang nicht mehr auf diese Weise gelächelt hatten. Ich sah Freudentränen in den Augen der Heimbewohner, und auch unsere Augen füllten sich, als wir diese ergreifenden Szenen beobachteten.

Während dieses kleinen Moments des Gebens – als die Liebe und die Umarmungen in beide Richtungen flossen – dachte keiner von uns an die Vergangenheit. Keiner hegte mehr einen Groll. Es gab nur die Verbindung aller, ein Fest des Lebens, ein Fest der Liebe. Im Augenblick dieser Situation gab es nur Freude. Die Erinnerung an diesen Tag in den »Redwoods« bleibt für immer tief in meinem Herzen. Immer wenn ich daran denke, kommen mir folgende Gedanken: Wie leicht ist es doch, zu geben; wie viel leichter ist es, miteinander Freude zu teilen als sich gegenseitig zu beschweren; wie viel leichter ist es, zu lieben statt zu hassen; wie viel leichter ist es, im Augenblick und nicht in der Vergangenheit oder Zukunft zu leben.

Ich kann die Liebe nur im Hier und Jetzt erleben.
Meine ständige Beschäftigung mit der Vergangenheit und mein Sorgen um die Zukunft zerstören meine Fähigkeit, im Moment Frieden zu erleben. Frieden kann man nicht in der Vergangenheit oder in der Zukunft finden, sondern nur im jetzigen Augenblick. Die Vergangenheit ist vorbei, die Zukunft hat noch nicht begonnen.

Schritte, wie wir die heutige Lektion in unsere Alltagserfahrungen integrieren können
1. Schreibe drei Möglichkeiten auf, wie du heute jemandem deine Liebe schenken kannst, ohne dafür etwas zurückbekommen zu wollen. Entscheide dich für eine Möglichkeit und setze sie in die Tat um.
2. Konzentriere dich einen Augenblick darauf, den Frieden Gottes als dein einziges Ziel anzunehmen. Erinnere dich daran, daß Gott niemals in der Vergangenheit oder Zukunft, sondern nur in der Gegenwart zu finden ist. Nimm Seinen Frieden jetzt an.
3. Übe mindestens zweimal am Tag den »Botschafter der Wahrheit«: Stell dir vor, das gesamte Universum sei nur aus Licht gemacht und du wärst im Zentrum dieses Lichts – im Herzen Gottes. Erkenne, daß deine einzige Wirklichkeit das Licht ist. Begib dich nun, während du im Bewußtsein dieses Lichts bleibst, in die Welt der Illusion auf dem Planeten Erde. Stell dir vor, daß du – während du diese eine Sekunde lang auf der Erde bist – nur

dein Licht in den anderen zum Leuchten bringen mußt. Begib dich dann wieder in das Zentrum des Lichts zurück. Du warst diesen einen, kurzen Moment lang, während du in der Welt der Illusion warst, ein Botschafter Gottes – ein Botschafter der Wahrheit –, der Licht und Liebe in eine Welt voller Dunkelheit und Furcht gebracht hat.

Denke daran, daß du als Botschafter der Wahrheit weder bewerten noch verurteilen mußt. Du mußt nur das Licht Christi in dir zum Scheinen bringen.

4. Versuche einen Moment lang, deinen Geist ganz frei zu machen. Nimm die Freude an. Sie ist dein natürliches Erbe und sie bringt anderen das Licht.

Lektion 10: Ohne Vergangenheit bin ich sofort frei

> Heilung bedeutet, sich von der Vergangenheit zu lösen.

Kann es möglich sein, daß diese Welt und alles in ihr nur ein Traum sind? Besteht die Möglichkeit, daß sich unser Geist von Gott, unserer einzigen Quelle, abgetrennt hat und uns glauben macht, daß wir in einer Welt leben, in der Trennung, Schmerz und Tod reale Größen darstellen? Kann es möglich sein, daß wir einfach nur schlafen und es nicht wissen?

Ich glaube, wenn wir aufwachen und feststellen, daß die Liebe unsere einzige Wahrheit ist, beginnen wir auch zu realisieren, daß wir Äonen damit verbracht haben, alte »Geschichten«, die sich unser Ego ausgedacht hat, ständig von neuem aufzuführen. Unser Ego hat für diese »dramatische Aufführung« das Drehbuch geschrieben, hat sie produziert und auch noch alle Hauptrollen gleichzeitig gespielt, mit der Intention, die Illusion zu schaffen, daß wir alle voneinander getrennt existieren.

Persönliche »Schnulzen«

Wenn wir anfangen aufzuwachen, erkennen wir, wie sehr wir an diesen alten Dramen hängen – es sind wirklich unsere persönlichen, sentimentalen »Schnulzen« –, obwohl sie eigentlich immer nur ein Thema kennen. Ob es deutlich ausgesprochen wird oder geschickt umschrieben wird, die Botschaft bleibt immer dieselbe: Wir leben in einer Welt, in der Trennung die Wirklichkeit ist. Im Widerstreit befindliche Kräfte können niemals versöhnt werden, Bestrafung und Verzweiflung sind nicht zu vermeiden, die Vergangenheit bestimmt die Zukunft voraus, immerwährende Freude und ewiger Friede sind unmöglich. In unserem Dämmerzustand erscheinen uns die endlosen Variationen zu diesem Thema als ganz normal und realistisch. In Wahrheit zeichnen sie das Bild einer verrückten, irrealen Welt, in der Glaube und Vertrauen als kurzlebige Ausflüge in die Fantasie betrachtet werden und in der bedingungslose Liebe nicht existiert.

Als Teenager hatte ich einmal einen Job als Platzanweiser in einem Kino. Ich erinnere mich noch daran, daß ich einen John Wayne-Film so oft gesehen hatte, daß ich anfing, wie er zu gehen und zu reden – obwohl ich ganz schnell dazu sagen muß, daß ich nie wie er aussah! Im Rückblick erkenne ich heute, daß die Arbeit in diesem Kino einen hohen symbolischen Wert für mich hatte. Ich bin darauf gekommen, daß alles, was wir in unserem Leben erfahren, in Wirklichkeit nur eine äußere Projektion dessen ist, was in unserem Inneren vor sich geht. Indem wir unseren eigenen psychischen Zustand nach außen kehren, kommen wir auch zu dem Glauben, daß die Welt, die wir sehen, außerhalb unserer selbst liegt. Was wir jedoch nicht erkennen, ist, daß diese »Außen«-welt in Wirklichkeit nur eine Widerspiegelung unserer Gedanken und Phantasien ist. Solange wir diese alten »Schnulzen« aus unserer Vergangenheit ständig auf's Neue leben, solange werden wir auch nicht aufwachen und die Wahrheit erkennen. Der »Kurs in Wundern« sagt es uns: Wenn nicht die Vergangenheit in unserem Geist passé ist, werden wir auch die wirkliche Welt nicht sehen können.

Befreiung von der Vergangenheit

Wie aber können wir die Welt, so wie sie wirklich ist, erkennen und zu der Realität der Liebe erwachen, die in unserem Leben gegenwärtig ist – zu der Welt also, die wir durch Vergebung finden. Wir können sie nur dann sehen, wenn wir bereit sind, uns selbst und andere aus den Fesseln vergangener Fehler zu befreien. Die großen spirituellen Führer haben uns gelehrt, daß es möglich ist, allen zu vergeben, selbst denen, die uns, unserem Gefühl nach, am ärgsten verletzt haben. Als Kinder Gottes sind wir dazu befähigt, unsere Illusionen zu überwinden, indem wir uns dafür entscheiden, die Welt durch die Augen der Liebe – die Augen der Vergebung – zu betrachten.

Jeder von uns kennt schmerzhafte Erinnerungen aus seiner Vergangenheit. Um uns davor zu schützen, diese schmerzhaften Erlebnisse in der Zukunft zu wiederholen, bauen wir eine Abwehr auf. Wir benutzen unsere angstvolle Vergangenheit dazu, eine angstvolle Zukunft vorauszusagen, und sind deshalb unfähig, ohne Angst in der Gegenwart zu leben.

Da wir Liebe und Angst nicht zur gleichen Zeit erleben können, müssen wir erkennen, daß die Vergangenheit vorbei ist und keinen Einfluß mehr auf uns hat. Wir können nur in der Gegenwart, und damit in der Gegenwart der Liebe leben, wenn wir uns durch Vergebung von der Vergangenheit befreien.

Der »Heiligste aller Orte«

Als Veranschaulichung der heutigen Lektion würde ich gern an dieser Stelle ein Erlebnis erzählen, das ich vor etwa zwei Jahren hatte. Der Koautor dieses Buches, Dr. William Thetford (der, zusammen mit Dr. Helen Schucmann, den »Kurs in Wundern« ins Leben rief), und ich hatten eine Einladung der medizinischen Abteilung der Travis Air Force Base in California angenommen. Wir sollten mit den Mitarbeitern dieser Abteilung die Bedeutung der Prinzipien des »Kurses«, nämlich die Heilung von Einstellungen, für das medizinische Modell diskutieren. Es stellte sich heraus, daß dies das erste von zahlreichen Treffen war, die sich bis zum heutigen Tag fortsetzten.

Während der eineinhalbstündigen Autofahrt von Tiburon nach Travis spürte ich ein wachsendes Unbehagen darüber, wie es mir wohl beim Betreten der Kaserne ergehen würde. Der Grund für diese innere Unruhe war der, daß ich während des Koreakrieges von 1953 bis 1954 als Militärpsychiater in dieser Kaserne stationiert war. Diese zwei Jahre waren eine sehr schwierige Zeit für mich. Ich konnte das Militärleben nicht ertragen. Ich haßte es, eine Uniform tragen zu müssen. Kurz gesagt, ich konnte es kaum erwarten, wieder ein normaler Zivilbürger zu werden. Ich erinnere mich noch daran, wie ich am Tag meiner Entlassung sofort meine Uniform verkaufte und laut verkündete: »Gott sei Dank, diese Kaserne werde ich nie wieder in meinem Leben betreten müssen!« Und hier war ich nun, fast dreißig Jahre später, und fuhr zu eben dieser Kaserne, um dort – ausgerechnet – über die Macht der Vergebung zu sprechen!

Leider hatte ich, was die Vergebung des Wehrdienstes betraf, meine Hausaufgaben noch nicht gemacht. Ich war noch sehr in die Vergangenheit verstrickt. In meinem Geist hegte ich immer noch das Vorurteil, daß die einzigen Interessen des Militärs der Angriff und die Verteidigung waren, und ich hatte große Schwierigkeiten zu glauben, daß ein Vortrag über Liebe und Vergebung in einer Luftwaffenkaserne großen Anklang finden würde. Meine angstvolle Vergangenheit bewirkte, daß ich auch ängstlich in die Zukunft schaute, und das Militär schien der geeignete Ort zu sein, meine eigenen Angriffsgedanken zu projizieren.

Bill schlug vor, kurz anzuhalten und ein paar Minuten zu meditieren, bevor wir zur Kaserne kommen würden. Als wir zusammen beteten, entschied ich mich dafür, alle Erfahrungen, die ich während dieser zwei Jahre als negativ empfunden hatte, als Illusion zu betrachten. Dabei erinnerte ich mich daran, daß Illusionen keinen Wert besitzen. Ich wußte, daß alles was ich brauchte, die Bereitschaft war, den Heiligen Geist darum zu bitten, mir dabei zu helfen, meine Vergangenheit loszulassen. Und meine Bitte blieb nicht unerhört. Als wir in die Kaserne hineinfuhren, hatte ich meinen Frieden gefunden. Am Ende dieses Treffens war ich dankbar, daß ich meine Gedanken über die heilende Kraft der Liebe und der Vergebung mit den Mitarbeitern der dortigen medizinischen Abteilung austauschen durfte. Wenn ich nicht bereit gewesen wäre zu erkennen, daß die Vergangenheit wirklich vorüber war, hätte ich an dem Wunder der Liebe, das an diesem Nachmittag dort stattfand, nie teilhaben können.

Ich befinde mich auch weiterhin im Zustand des Friedens, wenn ich die Kaserne zu Beratungsgesprächen betrete, und ich freue mich immer wieder, wenn ich an den Spruch im »Kurs in Wundern« denke: »Der heiligste Platz auf Erden ist dort, wo aus vergangenem Haß gegenwärtige Liebe geworden ist.«

Erwachen und die Wirklichkeit der Liebe erkennen

An dieser Stelle paßt recht gut ein Brief, der anschaulich demonstriert, daß sich mit einem Schlag die ganze Welt verändert, wenn wir mit Überzeugung sagen: »Ohne Vergangenheit bin ich sofort frei.«

Jerry,
ich kann es kaum mit Worten beschreiben, wie tief mich ein Erlebnis kürzlich verwandelt hat. Ich hatte angefangen zu glauben, daß ich unfähig sei, echte Liebe zu empfinden, und daß ich ein Opfer der Umstände und meiner Umgebung war.
Ich machte bereits in jungen Jahren die Entdeckung, daß ich schwul war, und in diesem Alter war das einfach kein Thema. Es schien das Natürlichste auf der Welt zu sein. Ich baute mehr und mehr ein Abwehrsystem auf, Mauern und Barrieren, um meine Verletzbarkeit zu kaschieren. Mir war nicht klar, daß ich mich dadurch selbst ablehnte und viele Erfahrungsmöglichkeiten, die als Potential in mir steckten, einfach abschnitt.
Ich hatte noch nie eine »feste Beziehung« gehabt (ich bin jetzt fünfundzwanzig Jahre alt), bis ich im letzten Jahr einen sehr liebevollen und gutherzigen Mann kennenlernte. Er schenkte mir sehr viel Liebe und ich spürte auch sein Sehnen nach meiner Liebe, doch ich weigerte mich anzuerkennen, daß ich seine Liebe oder die irgendeines anderen wollte und auch brauchte.
Ich konnte in seinen Augen seine Aufrichtigkeit erkennen, doch erst als unsere Beziehung auseinanderging, fühlte ich, daß es echt war. Ich wollte vierzehn Tage Urlaub machen und ging zuvor in eine Buchhandlung, um dort etwas zu finden, das mir neue Erkenntnisse verschaffen würde. Ich sagte immer wieder zu mir selbst, daß es andere Möglichkeiten geben müßte, sein Leben zu leben. An manchen Tagen wachte ich auf und hatte Angst vor dem, was mich erwartete. Meistens war die Arbeit für mich lästige Pflicht.
In der Buchhandlung sah ich *Liebe heißt die Angst verlieren*, und der Buchtitel zog mich wegen der zwei Worte sofort in den Bann: *Liebe* und

Angst, diese zwei Worte erwähnte auch dieser Mann mir gegenüber. Er hatte zu mir gesagt, ich hätte Angst zu lieben.

Im Urlaub las ich dann Ihr Buch und vergaß den ganzen Druck und Streß meiner Arbeit. Es hatte mir etwas zu sagen, und ich begann, einige der Ideen auf mein Leben zu übertragen.

Erst als ich aus dem Urlaub zurückgekehrt war, las ich Ihr Buch noch einmal – und dann noch ein drittes Mal –, langsam und auf jede Zeile achtend. Drei Tage lang versuchte ich nun, nur nach Ihrem Buch zu leben, und ich spürte eine großartige Veränderung. Ich erlebte die Dinge anders, weil ich mich dafür *entschied.* Ich spürte zum erstenmal in meinem Leben, welche Möglichkeiten in den Menschen stecken.

Der dritte Tag war fantastisch. Ich spürte, wie sich die Energie in meinem ganzen Körper ausbreitete. Mein Körper war so »gepackt« vom Leben und vom Zusammensein mit anderen Menschen, daß ich fast nicht genug kriegen konnte.

An diesem Abend kam ich nach Hause und mußte immer wieder lächeln. Ich schlief ein und wachte etwa eine Stunde später wieder auf. Plötzlich spürte ich, wie die Wärme des vergangenen Tages meinen Körper durchströmte, und eine intensive Vibrationswelle erfaßte mich von Kopf bis Fuß. Sie war so stark, daß ich fast die Kontrolle verlor und die Tränen flossen über mein Gesicht. In Gedanken sagte ich mir, ich müsse diese Erfahrung nicht fürchten. Dann spürte ich unter meinem Nabel eine noch intensivere Wärme aufsteigen und ich *sah* ein Licht, das aus meinem Bauch kam. In diesem Zustand größter Spannung fragte ich mich ständig, ob ich träume, aber es war alles *wirklich.*

Ich verspürte den Drang, jeden, den ich kannte, zu umarmen. Die Wärme und die Schwingung aller Menschen erfüllten jede einzelne Zelle meines Körpers. Lachende Gesichter zogen an meinen Augen vorbei.

Ich weinte und weinte, aus reiner Freude über das *Leben.* Ich schaute auf die Uhr, als die Vibrationswelle abgeklungen war. Zwei Stunden lang war ich im Zustand der Exstase gewesen!

Am nächsten Morgen stand ich auf und war voller Tatendrang. Ich hatte Millionen Sachen zu tun und jedesmal lernte ich etwas dabei. Je mehr ich die Liebe spürte und sie weitergeben konnte, desto weniger Platz blieb für die Angst. Auch die Arbeit war auf einmal wunderschön, und ich wollte jede Person, die ich traf, berühren und erfahren.

Diese Freude am Leben war so intensiv. Ich hatte das Gefühl, nicht mehr essen und schlafen zu müssen. Die darauffolgende Woche nahm die Intensität des Gefühls ab; doch ich bin jetzt ganz einfach ein neuer Mensch.

Ich *fühle* das Leben, und das ist ein gutes Gefühl. Ich will mich einfach auf allen Gebieten weiterentwickeln. Ich liebe meine Familie und meine

Freunde so sehr ... und diese Liebe kommt ganz natürlich aus mir heraus. Durch den Fluß meiner Tränen habe ich Mauern in meinem Inneren eingerissen, die dort schon jahrelang standen.

Ich fühle mich stark. Ich freue mich, daß ich lebe. Ich bin so glücklich darüber, daß Sie Ihre Gedanken mit der Öffentlichkeit teilen, denn sie sind so universell. Sie gehen über die Dogmen von Religionen hinaus, enthalten aber viele ihrer Weisheiten.

Ich hoffe, daß ich Sie eines Tages einmal sprechen höre. Wenn nicht, dann spüre ich Sie in Ihren Worten und erfahre, daß wir alle eins sind.

In Liebe
George

Ohne Vergangenheit bin ich sofort frei.
Nur wenn ich die Vergangenheit in die Gegenwart hineinziehe, bin ich ein Sklave der Zeit. Durch Vergebung und das Loslassen der Vergangenheit befreie ich mich von der schmerzhaften Last, die ich in die Gegenwart hineingetragen habe. Jetzt kann ich die Möglichkeiten der Freiheit wirklich ausschöpfen, ohne mich von den Zerrbildern der Vergangenheit beeinflussen zu lassen.

Heute ist die Freiheit mein Ziel, wenn ich sage: Ich habe mich dafür entschieden, mich von vergangenem Schmerz und Leid loszusagen und nur noch im Augenblick zu leben.

Schritte, wie wir die heutige Lektion in unsere Alltagserfahrungen integrieren können

1. Denk an einen »Schnulzenfilm« aus deinem Leben, bei dem du selbst das Drehbuch geschrieben hast und den du ständig wieder in deinem inneren Fernsehapparat abspielst. Entscheide dich heute dafür, dich von der Beschränktheit dieser »Geschichte« loszusagen, indem du dir sagst: »Als Kind Gottes kann ich von meiner schmerzhaften Vergangenheit loslassen und kann bewußt die Welt durch die Augen der Liebe – die Augen der Vergebung – betrachten.«

2. Stell dir vor, daß du all deine schmerzhaften Erinnerungen aus deiner Vergangenheit wie einen Teppich hinter dir herziehst. Roll nun den Teppich einfach zusammen und wirf ihn weg. Laß zu, daß du die Vergangenheit als wirklich vergangen erfährst,

und freue dich an der Chance, im gerade stattfindenden Augenblick Glück zu empfinden.

3. Meditiere mindestens einmal am Tag über den Gedanken der heutigen Lektion: Ohne Vergangenheit bin ich sofort frei.

4. Überleg dir eine Schwierigkeit, die du in einer vergangenen Beziehung gehabt hast oder immer noch hast. Frage dich jetzt: »An welchem Groll halte ich eigentlich noch fest und wie stört er die Entwicklung meiner Freiheit?« Denk daran, daß Vergebung ganz plötzlich geschehen kann; fasse heute den Entschluß, all deinen Groll zu vergessen – den vergangenen oder den aktuellen –, und befreie dich wirklich.

Lektion 11: Wenn ich andere verurteile, verurteile ich mich selbst

Sich zu lieben, bedeutet, sich zu heilen.

Ich bin immer wieder davon beeindruckt, wie rasch sich mein Geist spalten kann und wie oft das Ego meinen Frieden stört, indem es mich verurteilt oder beschließt, andere anzugreifen. Es ist wirklich wichtig, die Fähigkeit des Egos, unseren Frieden zu stören, nicht zu unterschätzen, selbst wenn wir das Gefühl haben, daß unser Geist konzentriert und frei von Konflikten ist.

Der Frieden bedroht das Ego

Wenn wir unseren inneren Frieden haben, fühlt sich unser Ego leicht bedroht und will diesen Frieden augenblicklich zerstören. Da das Ego Schmerz mit Glück verwechselt, macht es die Schuld für uns interessant. Es will uns glauben machen, daß unser Körper unsere Wirklichkeit darstellt und mit dem Tod das Leben wirklich zu Ende ist.

Daß die Macht des Egos auf unser Leben gerade dann störend Einfluß nimmt, wenn wir es am wenigsten erwarten, wurde mir eines Tages bewußt, als ich mich auf einer Vortragsreise in Hawaii befand. Da ich den Tag gerne mit einer körperlichen Übung beginne, war ich früh aufgestanden, um zu joggen. Es war ein herrlicher Tag, und ich rannte so dahin und rezitierte dabei meine Lieblingssätze aus dem »Kurs in Wundern«. Ich fühlte mich besonders friedlich und eins mit Gott.

Ich war noch nicht sehr weit gekommen, als ich plötzlich eine leere Bierdose entdeckte, die mitten auf einem schön gepflegten Golfkurs lag, an dem ich bewundernd entlanggelaufen war. Sofort sprach ich über die unbekannte Person, die die Dose dort hingeworfen hatte und damit die natürliche Schönheit dieses

Fleckchen Grüns zerstört hatte, meine Verurteilung aus. Im selben Moment, indem ich dies tat, war es auch schon um meine Friedfertigkeit geschehen.

Doch dann fiel mir plötzlich ein, wie gedankenlos ich früher Müll aus dem Fenster meines Autos geworfen hatte. Ich erkannte, daß ich mich wegen dieser früheren Vergehen immer noch schuldig fühlte und daß ich von diesen Gefühlen loskommen mußte. In der Zwischenzeit hatte mein Ego meinen friedlichen Jogginglauf in einen »Schuldtrip« verwandelt, und ich beschloß, den Heiligen Geist darum zu bitten, mich von meinen Selbstverurteilungen und Schuldgefühlen zu befreien.

Mein innerer Lehrer sagte mir, wenn ich wirklich von meiner Vergangenheit loskommen und Frieden erleben wollte, müßte ich zum Golfplatz zurückkehren und die häßliche Dose entfernen. »Das sind fast zwei Kilometer, die ich zurücklaufen müßte«, stritt ich mit mir selbst. Doch als ich die lästige Stimme meines Egos erkannte, machte ich kehrt, rannte zurück und erledigte meine Aufgabe. In dem Moment, in dem ich die Dose aufhob, spürte ich ein Gefühl der Freude und des Friedens. Ich wußte, ich hatte das richtige getan. Es bereitete mir ein großes Vergnügen, die natürliche Schönheit des Grüns wieder makellos zu sehen aber auch zu wissen, daß ich einen kleinen Beitrag dafür geleistet hatte, damit andere sich ebenso an der Schönheit freuen konnten.

Die Saat der Selbstverachtung

Wenn ich auf mein Leben zurückblicke, erkenne ich heute, daß mein Geist von Selbstverurteilungen und Verurteilungen anderer voll eingenommen war. Ich verurteilte mich wegen meiner Ungeschicklichkeit, Hyperaktivität, Schüchternheit, wegen der Tatsache, daß ich ein schlechter Schüler war und – obwohl das heute lächerlich erscheinen mag – daß ich beim Singen den Ton nicht halten konnte. Ich hielt mich generell für einen Versager. Ich hatte das Gefühl, ich würde nie etwas richtig machen können und die anderen würden mich hassen, ja ich verdammte sogar meine jüdische Herkunft. Ich erinnere mich noch, wie ich einmal meine Eltern dafür verdammte, daß sie Juden waren, denn, wenn das nicht der Fall gewesen wäre, hätte ich so sein können wie die anderen und hätte keine antisemitischen Angriffe aushalten müssen. Es war für mich eine große Befreiung, als ich lernte, mich mehr und mehr von meiner Vergangenheit zu lösen und von meiner Schuld und Verurteilung loszulassen. Welch eine Freude es ist zu spüren, wie das Gewicht der Welt von meinen Schultern genommen wird, wenn ich immer Vergebung üben, mich selbst akzeptieren und Gottes Gegenwart in meinem Leben erfahren kann.

Der Spiegel der Liebe

Wenn wir uns selbst und andere verurteilen, lassen wir zu, daß unser Geist von angstvollen Illusionen genährt wird, die unser Ego erfunden hat. Wir lassen uns von diesen Zerrbildern einsperren. Wir müssen uns ständig daran erinnern, daß die Liebe die einzige Realität darstellt und daß alles, was wir nicht als einen Spiegel der Liebe wahrnehmen, ein Zerrbild, eine Illusion ist. Die einzige Möglichkeit, wie wir diese Zerrbilder korrigieren können, ist die, uns und anderen zu vergeben, indem wir aufhören, daran zu denken, was wir den anderen oder die anderen uns angetan haben.

Da unsere einzige Wirklichkeit nur die Erweiterung und Ausdehnung der Liebe Gottes ist – ein Gedanke in Gottes Geist –, gibt es, wenn wir seinen Gesetzen gehorchen, weder Trennung noch Zeit und Raum. Unser Ego jedoch will nicht, daß wir glauben, daß es einen liebenden Gott gibt und daß unsere Wirklichkeit nur ein Ausdruck seiner Liebe ist. Es versucht uns vielmehr davon zu überzeugen, daß unsere Wirklichkeit nur aus unserem Körper besteht. Es ist eine Täuschung zu denken, daß etwas, das sich verändert, wirklich sein könnte. Wir können die Idee nur schwer akzeptieren, daß die materielle Welt und deren Körper nur eine Illusion sind.

Die Ego-Falle

Da das Ego Wahrheit als etwas äußerst Bedrohliches empfindet, versucht es alles daran zu setzen, uns davon zu überzeugen, daß unsere Illusionen Wirklichkeit sind. Wir können nicht an eine Welt der Illusion und an die Wirklichkeit der Liebe Gottes zur gleichen Zeit glauben, ohne in Konflikt zu geraten und eine Spaltung in unserem Geist zu bewirken. Ich bin jedoch davon überzeugt, daß, solange wir auf dieser Erde sind, wir immer versucht sein werden, uns so zu verhalten, als wäre die physische Welt und alles in ihr Wirklichkeit.

Immer wenn ich versucht bin zu glauben, daß eine Illusion erstrebenswerter oder mehr wert ist als eine andere, versuche ich daran zu denken, daß jede Illusion auf O hinausläuft, und deshalb O + O immer O ergibt. Und doch sagt uns der »Kurs in Wundern«, daß »Illusion Illusion erzeugt«; solange wir glauben, daß wir andere verletzen oder verurteilen können, müssen wir auch damit rechnen, daß andere uns wehtun. In Wirklichkeit ist es jedoch unmöglich, daß wir uns und andere verurteilen, da wir nur verletzen und verletzt werden können, wenn wir denken, wir wären von unserer »Quelle« abgeschnitten.

»Beiß nicht in den Apfel«

Die folgende Geschichte handelt von einer Freundin von mir, Linda Berdeski, die fähig war, mit ihren Selbstverurteilungen und Selbstbestrafungen Schluß zu machen, als sie den entscheidenden Entschluß faßte, sich wieder mit der Liebe zu vereinigen, von der sie nie richtig abgeschnitten war.

Vor weniger als zehn Jahren wurde Linda, eine geschiedene Frau mit vier Kindern, »asozial«. Sie wurde zur Pennerin, völlig pleite, dem Alkohol und den Drogen verfallen. Ihre Selbstachtung war auf den Nullpunkt gesunken, während ihre Selbstverachtung ständig wuchs.

Eines Tages saß Linda wieder in einer Bar in San Diego, als ihr urplötzlich klar wurde, daß sie die Wahl hatte. Sie erkannte, daß sie sich entweder weiterhin bis zum Delirium besaufen konnte oder die Verantwortung für sich selbst übernehmen und ihr Leben um 180° drehen konnte. Innerhalb eines Augenblicks fällte sie eine Entscheidung. Sie sagte zu ihren Saufkumpanen, daß sie nicht länger gewillt wäre, das Leben einer Alkoholikerin zu führen und, als sie das gesagt hatte, ließ sie ihr vergangenes Leben hinter sich und schritt aus der dunklen Bar in die helle Nachmittagssonne hinaus.

Linda erzählte mir, daß sie beim Hinaustreten in die Sonne die immer stärker werdende Wärme der Gegenwart Gottes gespürt hatte, die sie umfing und ihre Entscheidung unterstützte. In den darauffolgenden Wochen ersuchte sie um die Hilfe, die sie brauchte, um von ihrer Sucht loszukommen und ein neues Leben zu beginnen. Sie befreite sich sowohl von ihrer schmerzhaften und angstvollen Vergangenheit als auch von den Ängsten, die sie wegen der ungewissen Zukunft plagten. Kurz gesagt, sie legte ihr Leben in die Hände Gottes. Als sie damit begann, Vergebung zu üben – auch gegenüber sich selbst – trug dies für ihr Leben die ersten positiven Früchte, und sie wußte, daß dies geschehen konnte, weil sie auf Gott vertraute.

Kurz nachdem Linda mit dem Trinken aufgehört hatte, begann sie, in einem Zentrum für Alkoholiker ehrenamtlich mitzuarbeiten. Ein paar Monate später wurde im Zentrum eine Stelle für einen Berater oder eine Beraterin ausgeschrieben, und Linda bewarb sich. Obwohl sie weder Studium noch einschlägige Berufserfahrung vorzuweisen hatte – andere Mitbewerber waren hochqualifiziert –, bekam sie den Job.

Ich fragte sie, warum sie trotz ihrer mangelnden beruflichen Qualifikation das Gefühl hatte, die richtige für den Job zu sein, und sie gab mir eine Antwort, die mich wirklich verblüffte. Sie sagte: »Als sie mich fragten, warum ich glaubte, für den Job geeignet zu sein, kam etwas aus meinem Mund heraus, das mich selbst in Erstaunen versetzte. Ich hörte mich sagen: ›Ich will Leuten helfen und ich bin wahrscheinlich der großartigste Mensch, den Sie je in Ihrem Leben kennenlernen werden!‹

Glaub' mir, ich hätte mir in meinen wildesten Gedanken nie vorstellen können, daß ich je so etwas sagen könnte; es war fast so, als hätte jemand anderer diese Worte für mich gesprochen. Und das nächste, an das ich mich erinnern kann, war, daß ich den Job hatte.«

Die nächsten zweieinhalb Jahre lehrte Linda Positives Denken im Zentrum, und dabei veränderte sich auch ihr Leben auf eine wunderbare Weise. »Die Theorien Christi funktionieren, wenn du sie anwendest«, sagt Linda. »In der Bibel sagt Jesus zu Simon Petrus: ›Liebst du mich?‹ Und Simon Petrus antwortet, ›Herr, Du weißt, daß ich Dich liebe‹. Darauf antwortete Christus: ›Füttere meine Schafe.‹ Genau das machen wir. Wir füttern – geistig und körperlich – die Menschen, die es brauchen.«

Vor vier Jahren eröffnete Linda in Imperial Beach, California, einer Vorstadt von San Diego nahe der mexikanischen Grenze, ein kleines Restaurant, das sie »Mein kleines Café« nannte, um eine Anlaufstelle für die Obdachlosen und Hungrigen aus der Gegend bereitzustellen. Linda beschreibt ihr Restaurant, das inmitten der wirtschaftlichen heruntergekommenen Hafengegend liegt, als eine »Art Schönheitsoperation. Es ist ein Gotteshafen!« Jeder, der dort schon einmal war, wird dies bestätigen.

Jeden Tag werden Frühstück, Mittag- und Abendessen für diejenigen angeboten, die einen bescheidenen Preis dafür zahlen können. Und zusätzlich sind Linda und ihre freiwilligen Mitarbeiter – oft sind es auch ihre eigenen Kinder im Teenageralter – täglich unterwegs, um den Bedürftigen in ihrer Umgebung Suppe und belegte Brote zu bringen. Darunter befinden sich obdachlose Alkoholiker, von zu Hause weggelaufene Jugendliche und jeder andere, der hungrig ist und sich kein Essen leisten kann. »Wir geben ihnen, was wir gerade haben«, sagt sie. Die »Speisung« beschränkt sich auch nicht nur auf das Essen. Jeder, der in ihr Café kommt und Hilfe braucht, bekommt sie. Sie vermittelt Notunterkünfte, gibt Kleidung oder Bücher aus oder kümmert sich um den Transport von Betrunkenen in das Zentrum für Alkoholiker, in dem sie früher gearbeitet hatte.

Die Idee mit dem Café hat schon weitere Kreise gezogen. »Mein kleines Café« ist zum Zentrum einer ganzen Organisation geworden, zu der auch eine Kirche mit dem ungewöhnlichen Namen »Beiß nicht in den Apfel« gehört. Sie erklärt den Namen mit ihren eigenen Worten:

Du und ich spielen ständig die Rollen von Adam und Eva im Garten. Jedesmal, wenn wir uns gegenseitig verurteilen, beißen wir in den Apfel der Verachtung. Jedesmal, wenn wir eine Person dahingehend beeinflussen, daß sie selbst verurteilt oder kritisiert, führen wir Adam in Versuchung. Jedesmal, wenn wir es zulassen, daß die menschliche Vorstellung von Gut und Böse unser Denken leitet, werden wir aus dem Paradies verstoßen.

Das Rezept, wie wir im Paradies bleiben können, ist einfach. Üben und nochmals Üben, *nicht* in den Apfel zu beißen. Wenn du übst, wirst du merken, daß du dich dabei dauernd in einem Zustand befindest, der dich geben läßt. Du befindest dich in einem natürlichen Zustand bedingungsloser Liebe und du gibst ihn an andere weiter. Wir Menschen entscheiden selbst, ob wir im Paradies sein wollen oder draußen. Es ist eine bewußte Entscheidung.

Linda ist auch eine hingebungsvolle Schülerin des »Kurses in Wundern« und sie hält regelmäßig Abendkurse über die Anwendung des »Kurses« in unserem täglichen Leben. Ihr Leben ist dem Geben und Helfen gewidmet. Das Licht der Liebe, das Licht Gottes, das in Linda leuchtet, ist für jeden, der sie kennenlernt, eine große Inspiration.

Lindas Geschichte erinnert uns daran, daß wir die Wahl haben. Entweder wollen wir auf die Stimme Gottes, unsere einzige Wirklichkeit, hören und ihr folgen, oder wir bleiben Gefangene der Begrenztheit unseres Egos. Daran müssen wir immer denken. Die Freiheit kommt, wenn wir in unserem Herzen wissen, daß wir eins mit Gott und unseren Brüdern und Schwestern sind, und daß die Liebe, die wir einander geben, grenzenlos und ewig ist.

Meditieren wir über die heutige Lektion und lassen dabei folgende Gedanken Revue passieren:

Wenn ich andere verurteile, verurteile ich mich selbst.
Ohne Verurteilungen kann ich frei von Angst und Schuld sein.
Wenn ich daran glaube, daß ich andere verletzen kann, muß ich ebenso damit rechnen, daß sie mich verletzen können.
Heute will ich meine Freiheit in Anspruch nehmen und die Vergebung für mich akzeptieren und sie an andere weitergeben.
Ich denke daran: Gerne entscheide ich mich dafür, mich selbst und jeden anderen, den ich kenne, aus dem Gefängnis der Verurteilung zu befreien.

Schritte, wie wir die heutige Lektion in unsere Alltagserfahrungen integrieren können
1. Beruhige deinen Geist. Stell dir all die Gefühle des Enttäuschtseins, der Depression oder des Schmerzes vor, die dir heute begegnen könnten.
2. Versuche, die unversöhnlichen Gedanken zu entdecken, die deiner Unzufriedenheit zugrundeliegen könnten. Denke daran, daß es deine Verurteilungen sind, die dich verletzen, und daß dich nur deine eigene Vergebung befreit.
3. Linda Berdeski hat folgende Kriterien aufgestellt, mit denen sie das »Apfelbeißen« definiert. Stelle dir heute folgende Fragen:
Kritisiere ich andere?
Kritisiere ich mich selbst?
Verurteile ich andere?
Verurteile ich mich selbst?
Beurteile ich die Gegenwart nach dem, was vergangen ist?
Bestimmt die menschliche Auffassung von Gut und Böse mein Denken?
4. Laßt uns in allen Situationen, denen wir heute begegnen, daran denken, daß Gott in uns gegenwärtig ist. Öffnen wir uns dem Gedanken aus dem »Kurs in Wundern«: Gott selbst ist ohne mich unvollkommen.

Denke daran, während dein Ego spricht, und du wirst es gar nicht hören. Die Wahrheit über dich ist so erhaben, daß nichts, was Gottes nicht würdig ist, deiner würdig ist. Wähle danach aus, was du deiner für würdig hältst, und akzeptiere nur das, was du auch für Gott selbst akzeptieren würdest. Etwas anderes willst auch du nicht.

Lektion 12: Ich werde das bekommen, was ich gebe

> Schaue mit liebenden Augen auf die Gegenwart, denn sie enthält die Dinge, die für immer wahr sind.

Das Gesetz der Liebe kennt keine verschiedenen Arten oder Abstufungen von Liebe. Es erkennt nur eine an: Gottes Liebe. Gottes Liebe ist total; sie kennt keine Zeitbeschränkung und sie schließt niemanden aus. Sie kann sich verbinden, ausbreiten und weitergegeben werden. Das Gesetz der Liebe lehrt uns, daß Geben und Nehmen immer gleichzeitig geschieht, und je mehr wir geben, desto stärker erfahren wir die Gegenwart der Liebe in unserem Herzen.

Das Gesetz der Welt

Das Prinzip, mit dem viele von uns operieren, ist jedoch ganz anders. Es besagt: Wenn wir anderen etwas geben, haben wir selbst weniger. Das Gesetz der Welt scheint folgendermaßen zu lauten: »Nimm dir, soviel du kannst, und halte es fest. Und wenn es hart auf hart geht, denke zuerst an dich selbst.«

Das Prinzip des Gebens, das das Ego aufstellt, versucht uns davon zu überzeugen, daß manche Leute unserer Liebe mehr wert sind als andere und daß wir das danach beurteilen können, wie diese Leute sich verhalten und was uns unsere Augen und Ohren über sie sagen. Das Ego will uns glauben machen, es wäre unsere Aufgabe zu bestimmen, bei welchen Leuten wir uns sicher fühlen könnten, wenn wir sie lieben, und bei welchen nicht, immer basierend darauf, wie diese Leute sich verhalten und auftreten. Eine Grundannahme für diese Art von Geben lautet auch, daß es verschiedene Arten und Abstufungen von Liebe gibt und daß wir entscheiden müssen, welche Art von Liebe für die jeweilige Beziehung die passende ist.

In einer Welt, die an die Vergangenheit, Gegenwart und Zukunft glaubt, kann das Geben und Nehmen nicht gleichzeitig geschehen. In der zeitbegrenzten Welt unseres Egos stellt das Geben für gewöhnlich Bedingungen. Das bedeutet, daß das Geben davon abhängt, ob die Person, der wir etwas geben, sich so verhält, wie wir uns das wünschen, oder nicht.

Bedingungslose Liebe contra Liebe, die Bedingungen stellt

Nach dem Gesetz der Liebe bedeutet Geben, daß man alle seine Liebe ohne irgendwelche Erwartungen weitergibt. Das heißt, daß wir der anderen Person keinerlei Verpflichtungen auferlegen, uns Liebe zurückzugeben oder sie gegen etwas einzutauschen. Bedingungslose Liebe bedeutet völliges Geben.

Die meisten von uns kennen nur die Liebe, die Bedingungen stellt – eine »Ich werde dich lieben, wenn . . .«-Art von Liebe, die vom Verhalten und der Leistung anderer abhängt. Die Botschaft, die wir aussenden, lautet häufig: »Wenn du das Erwartungsmuster, das ich mir für dich ausgedacht habe, erfüllst, werde ich dich lieben.« Oder wir meinen: »Wenn du nur diese eine Sache bei dir ändern könntest, dann wäre meine Liebe zu dir vollkommen.«

Viele von uns wünschen sich, daß sich unsere Eltern anders verhalten hätten, als sie uns großzogen, und manchmal wollen wir sie noch heute verändern. Wir hätten gerne gehabt, daß sie uns ihre Liebe in einer anderen Form geschenkt hätten, einer, die uns besser gefallen hätte. Wenn wir uns in diesen Gedanken verstricken, sollten wir daran denken, daß unsere Eltern – gemessen an den Umständen ihrer eigenen Lebenserfahrungen – das Beste für uns getan haben. Ganz gleich, wie wir groß geworden sind oder ob wir das Gefühl haben, daß unsere Eltern uns genügend Liebe geschenkt haben oder nicht, die Wahrheit ist die: Um bedingungslose Liebe empfangen zu können, müssen wir bedingungslose Liebe geben. Und das trifft nicht nur auf die Beziehung zu unseren Eltern zu, sondern auf alle anderen Beziehungen in unserem Leben auch.

Der Olympische Freudensprung

Die Wunder, die aus bedingungsloser Liebe entstehen, werden im folgenden Brief auf dramatische Weise geschildert. Er handelt von einer Mutter, deren Sohn bei den Olympischen Winterspielen 1984 teilnahm.

Lieber Jerry,
seit Bob und ich Dich das letzte Mal sahen, sind viele aufregende Dinge passiert, die wir Dir erzählen wollen. Besonders eine Geschichte davon wird Dich besonders freuen. Anfang Februar aß ich mit einer Frau namens Susie Hastings zu Mittag, die zwei Tage später nach Sarajewo flog, um dabei zu sein, wie ihr Sohn Jeff an den Olympischen Schisprungwettbewerben von der 70- und 90-Meterschanze teilnahm.

Das Familienleben hatte sich in letzter Zeit sehr stark verändert. Der Medienrummel war groß, da Jeff eine Goldmedaillenhoffnung für die USA war. Ich glaube, daß alle unter diesem Druck zu leiden hatten. Auf einmal verspürte ich, ohne geringsten Anlaß, den inneren Drang, ihr von einem Buch zu erzählen, das ich kürzlich gelesen hatte. Es war »Wenn deine Botschaft Liebe ist«. Sie nahm das Buch auf ihre Reise mit und las es in den Pausen zwischen Jeffs Wettbewerben.

In den Vorausscheidungen des Wettbewerbs von der 70-Meterschanze sprang Jeff hervorragend und war ein paarmal Erster. Im Finale jedoch wurde Jeff nur Neunter. Jeff erzählte ihr danach: »Mama, wie ich oben war, war mir mein Rollkragenpullover zu eng.« Er wollte damit sagen, daß er vor Angst würgen mußte.

Als nächstes stand die Trainingswoche für das 90-Meter-Springen auf dem Plan. Jeffs Sprünge wurden von Tag zu Tag schlechter. Er machte sich große Sorgen, und seine Eltern, seine Freunde und sein Trainer waren verunsichert. Jeff war so etwas noch nie passiert. Er verlor sein Selbstvertrauen.

Susie las immer wieder dein Buch. Am Abend vor dem Finale von der 90-Meter-Schanze gingen sie und ihr Mann Paul noch einmal zu Jeffs Hotelzimmer, um ihm eine Nachricht zu hinterlassen. Sie schrieben ihm: »Denk dran Jeff, es ist auch nichts anderes als ein Weltcupspringen. Freu' dich drauf, spring wie ein Vogel und denk daran, daß wir dich lieb haben, ganz gleich, was geschieht.« Als sie in ihr Hotel zurückkamen, um ein großes Transparent für das Springen am nächsten Tag zu malen, fanden sie eine Nachricht, die Jeff ihnen früher am Tag hinterlassen hatte. Darauf stand: »Bitte betet ganz fest für mich heute nacht – ich brauche es sehr.« Susie erzählte mir, daß Beten in ihrer Familie das Senden von Liebe, Licht und Energie bedeutete; es bedeutete aber nicht »Gewinnen«. Während Jeffs gesamter Springkarriere hatte er jedoch noch nie etwas Derartiges geäußert. Deshalb wußte Susie, daß er sehr entmutigt war.

Die ganze Zeit über, während sie an dem Transparent arbeiteten, dachte Susie darüber nach, ob sie ihm noch einmal eine Nachricht schicken sollte. Um Viertel nach Zwölf beauftragte sie ein Taxi, Jeff eine zweite Nachricht zu überbringen. Darauf stand nur: »Erinnere dich an die ›Guten‹.«

Jeffs erster Sprung am nächsten Tag war mittelmäßig, er belegte den zwölften Rang nach dem ersten Durchgang. Sein zweiter jedoch war ein Supersprung. Er hatte sich wirklich an die »Guten« erinnert, er wurde vierter und war nur ein Meter siebzig an der Bronzemedaille vorbeigesegelt. Später sagte Jeff zum Ausgang des Springens, und bezog sich damit auf die beiden Nachrichten, die ihm seine Mutter geschrieben hatte: »Na, und wo ist die Springfee, wenn du sie brauchst? Sie sitzt genau auf deiner Schulter, wie sich herausgestellt hat!«

Susie erzählte mir, daß die allumfassende Botschaft der Liebe – daß wir alle eins sind und nur unser Geist uns Beschränkungen auferlegen kann, die Prinzipien also, von denen dein Buch »Wenn Deine Botschaft Liebe ist« handelt – ihr ständig in Erinnerung war, als sie versucht war, sich zu sehr in den Streß dieses aufregenden Wettbewerbs hineinziehen zu lassen. Nun Jerry, die Welt der Liebe ist wirklich mächtig und sie geht wundersame Wege.

Ich hoffe, daß wir uns bald wieder sehen.

In Liebe
Ann

Obwohl nicht jeder von uns eine Olympische Medaille gewinnen kann, so können wir doch alle an den Früchten der Liebe teilhaben, die wir bereitwillig den anderen anbieten.

Geraldines Geschenk

Die Kinder in unserem »Zentrum für die Heilung von Einstellungen« scheinen das Prinzip, nämlich daß sie das bekommen, was sie im Moment hergeben, instinktiv zu kennen, denn sie demonstrieren es täglich. Eines der stärksten Erlebnisse hatte ich diesbezüglich mit einem vierzehn Jahre alten Mädchen namens Geraldine, das vor ein paar Jahren in unser Zentrum kam.

Geraldine litt an einem Gehirntumor und hatte große Schwierigkeiten, mit anderen Kindern zurechtzukommen.

Als ich Geraldine zum erstenmal sah, überhäuften mich ihre Eltern mit einer Fülle von Material über sie, das hauptsächlich ihr unkontrollierbares, negatives Wesen beschrieb. Sie waren überrascht, als ich ihnen sagte: »Statt diese Akte jetzt durchzuschauen und auf Geraldines frühere Probleme einzugehen, würde ich gerne etwas anderes versuchen. Erzählen Sie mir von den positiven Seiten Geraldines. Erzählen Sie mir etwas über ihre Stärken statt über ihre Schwächen.« Zuerst fiel es den Eltern schwer, etwas Positives über sie zu erzählen, doch als sie sich mehr und mehr auf ihre Vorzüge besannen, bemerkte ich bei ihnen einen emotionalen Wandel: Ihre Mienen hellten sich sichtlich auf.

Zusätzlich zu den Schwierigkeiten, die Geraldine mit Gleichaltrigen hatte, kam noch ihre komplizierte Krankheitsgeschichte, in deren Verlauf sie auch Operationen durchzustehen hatte. Dazu kam noch eine Chemotherapie, die Haarausfall bei ihr bewirkt hatte. Wegen ihres kahlen Schädels wurde sie von den anderen Kindern oft gehänselt.

Obwohl Geraldine sehr schüchtern war und noch nie mit Kindern gesprochen hatte, die ähnliche Probleme hatten wie sie, entschloß sie sich, auf eines der Gruppentreffen für Kinder zu gehen. In der Sitzung waren auch einige Kinder anwesend, die das erstemal wieder in die Schule gehen mußten, nachdem sie durch eine Chemotherapie ihre Haare verloren hatten. Sie hatten Angst davor, Zielscheibe von Verhöhnungen und Sticheleien bei ihren Klassenkameraden zu werden. Als Geraldine die Kinder über ihre Ängste sprechen hörte, öffnete sie sich. Sie erzählte den Kindern, wie es ihr dabei erging, als sie sich in dieser Situation befand. Auf sehr hilfreiche Art beschrieb sie ihnen, welche ihrer Reaktionen auf das Verhalten der Mitschüler Erfolg hatten und welche nicht. Sie gab alles von sich her. Als sie so ihre Liebe auf uns alle ausstrahlen ließ und es auch zuließ, daß wir ihr die Liebe zurückgaben, war jedem im Raum klar geworden, daß Geben und Nehmen untrennbar miteinander verbunden sind.

Ich werde nie vergessen, was geschah, als das Treffen vorüber war. Mit Tränen in den Augen rannte Geraldine zu ihren Eltern und sagte: »Ich habe noch nie so viel Liebe von anderen Kindern bekommen! Darf ich wiederkommen?« Überwältigt von Geraldines Wandel, konnten nun auch die Eltern loslassen und begannen auch zu weinen. Es war so, als ob sie endlich zu Hause wären – ein »Zuhause«, wo man bedingungslose Liebe und den Frieden Gottes erfahren konnte. Obwohl Geraldine und ihre Eltern etwa 100 Kilometer von Tiburon, wo unser Zentrum liegt, entfernt wohnten, nahm Geraldine weiterhin regelmäßig an den Sitzungen teil.

Eine Überraschung vom Heiligen Franziskus

Das dritte Beispiel für die heutige Lektion handelt von den Holzstatuen des Heiligen Franziskus, die ein Künstler namens Ortega geschnitzt hat. Sein Atelier liegt außerhalb von Santa Fe, Neumexiko.
Vor etwa sechs Jahren kauften ein Freund und ich eine etwa sechzig Zentimeter große Statue des Heiligen für Bill Thetford, und letztes Jahr kaufte ich eine ähnliche für meine Freundin Diane Cirincione. Für mich selbst erstand ich eine kleinere, etwa fünfundzwanzig Zentimeter große Statue, die bei mir auf meinem Tisch steht und mich immer wieder an das kraftvolle Gebet des Heiligen Franziskus erinnert, das ich jeden Morgen bete:

Gebet des Heiligen Franziskus

Herr mache mich zum Werkzeug Deines Friedens.
Wo Haß ist, laß mich Liebe säen;
Wo Verletzung ist, Verzeihung;
Wo Zweifel ist, Vertrauen;
Wo Verzweiflung ist, Hoffnung;
Wo Dunkelheit ist, Licht;
Wo Traurigkeit ist, Freude.

Oh himmlischer Herr, mach', daß
Ich nicht so sehr danach strebe,
Getröstet zu werden, sondern tröste;
Verstanden zu werden, sondern verstehe;
Geliebt zu werden, sondern liebe.
Denn es ist im Geben, daß wir empfangen;
Es ist im Verzeihen, daß uns verziehen wird; und
Es ist im Sterben, daß wir
Zum Ewigen Leben geboren werden.

Seit ich mich auf dem spirituellen Weg befinde, versuche ich mein Bestes, nicht allzu sehr an materiellen Dingen, die ich besitze, zu hängen. Rückblickend muß ich jedoch bekennen, daß von allen Dingen, die ich besessen habe, mir die kleine Statue das teuerste war.

Letzten Herbst wurde zu Ehren unserer freiwilligen Mitarbeiter ein Fest des »Zentrums« in meinem Haus veranstaltet. Romney Fennell, ehrenamtliche Mitarbeiterin und Mutter einer Tochter mit Leukämie, sah die Statue und verliebte sich sofort in sie.

Spontan entschloß ich mich, sie ihr zu schenken, und ich empfand dabei eine unsägliche Freude. Als die Wochen vergingen, stellte ich überraschend fest, daß ich die Statue überhaupt nicht vermißte.

Vor ein paar Monaten wurden Diane und ich von Hugh Prathers »Armenkirche« in Santa Fe eingeladen, die Sonntagspredigt zu halten. Man stelle sich vor, welch freudige Überraschung es für mich war, am Ende des Gottesdiensts als Geschenk von der Gemeinde eine prachtvolle, über einen Meter große Statue des Heiligen Franziskus, geschnitzt vom Künstler Ortega, überreicht zu bekommen! Die Menschen dieser Kirche hatten keine Ahnung davon, daß ich meine Statue verschenkt hatte, doch sie fühlten sich wie von einer inneren Stimme »berufen«, mir dieses besondere Geschenk zu machen. Sie lehrten mich, daß Geben und Nehmen wirklich ein und dasselbe sind.

Diese Beispiele zeigen sehr schön, wie wichtig es ist, bedingungslose Liebe in unserem Leben zu verschenken. Daran sollen wir denken, wenn wir die heutige Lektion noch einmal zusammenfassen:

Ich werde das bekommen, was ich gebe.
Geben und Nehmen sind eins und können nur gemeinsam geschehen. Ich kann nur das empfangen, was ich gebe. Das ist für alle Situationen und Beziehungen in meinem Leben die Wahrheit.

Schritte, wie wir die heutige Lektion in unsere Alltagserfahrungen integrieren können
1. Sprich heute nach dem Aufwachen laut das Gebet des Heiligen Franziskus und versuche, es auf alle Situationen, die du heute erlebst, anzuwenden.
2. Beruhige deinen Geist und meditiere über folgenden Gedanken: Da ich heute den ganzen Tag über nur Frieden und Liebe empfangen will, werde ich zu jedem, den ich treffe, im Stillen oder auch hörbar sagen: »Ich biete dir die Liebe und den Frieden und akzeptiere auch die Liebe und den Frieden für mich selbst.«
3. Stell dir einen schönen und ruhigen See an einem friedlichen Sommertag vor. Wirf einen Stein in den See und beobachte, wie die kleinen Wellen jedes Partikelchen des Wassers erfassen. Stell dir vor, daß diese kleinen Wellen, die sich ungehindert und bedingungslos ausbreiten, deine liebevollen Gedanken sind.
4. Denke an jemanden, bei dem du die Versuchung spürst, ihn nach deinen Vorstellungen zu verändern. Widerstehe heute dieser Versuchung, indem du ständig zu dir selbst sagst: »(Name der Person), ich akzeptiere dich, ganz wie du bist.«
5. Denk heute häufig daran: Je mehr Liebe du gibst, desto mehr Liebe besitzt du auch. Sage zu dir selbst: »Ich werde das bekommen, was ich gebe.«

Lektion 13: In der Vergebung finde ich alles, was ich brauche

Kannst du dir vorstellen, wie es sein würde, wenn du eines Morgens aufwachtest, und du hättest keine Sorgen, keine Ängste mehr, du würdest nicht mehr an den Schuldgefühlen und dem Groll aus der Vergangenheit festhalten und du hättest auch keine Zweifel oder unsichere Gefühle über deine Zukunft? Kannst du dir vorstellen, aufzuwachen und dich vollkommen glücklich, friedlich und voll der Liebe zu fühlen? All dies ist möglich, wenn deine Vergebung vollkommen ist, denn in der Vergebung finden wir alles, was wir brauchen.

»Himmlischer Gedächtnisschwund«

Was würde geschehen, wenn jeder von uns einen Moment lang die Augen schließen würde, und der Welt und alles, was in ihr ist, völlig vergeben würde – und wir würden dann alle zusammen aufwachen und hätten nur noch *ein* Bewußtsein, das Bewußtsein der Liebe. Stell dir dieses Aufwachen als Wiedergeburtsprozeß vor. Du kannst dich an keine Angst, keine Schuld und an keinen Schmerz aus deinem früheren Leben mehr erinnern. Versuche, dir dies als »himmlischen Gedächtnisschwund« vorzustellen, wie es Dr. William Thetford nennt, als einen Bewußtseinszustand, in dem nur die Liebe, die du gegeben und empfangen hast, gespeichert ist. Diese Liebe kennt keine Vergangenheit, Gegenwart und Zukunft, denn wir sprechen von Gottes Liebe, die unveränderlich und ewig ist.
Gottes Liebe ist mitten in uns, ob wir nun die Augen geschlossen oder offen haben, ob wir schlafen oder wach sind. Sie ist immer da, sie war immer da und sie wird immer da sein.

Wenn du dazu bereit bist, kannst du die Grenzen deiner Vorstellungskraft sofort überschreiten. Beginne damit, indem du spürst, wie du aus dem selbstauferlegten Gefängnis deines Egos herausgehoben wirst, das dich andauernd nur an Angriff, Verzweiflung und Tod denken ließ. Spüre, wie leicht du wirst, wenn du dich aus der Anziehungskraft, die die Sünde, die Angst, die Schuld und der Schmerz auf dich ausübten, gelöst hast. Freue dich an deiner gewonnen Freiheit, denn du bist in eine Welt hinaufgehoben worden, die keine Beschuldigungen und Verurteilungen mehr kennt und in der sich die Menschen nicht mehr gegenseitig bekämpfen, sondern einander lieben.

Es gibt nichts mehr zu befürchten, denn Sünde, Schuld und Schmerz sind nicht mehr real. Erwache für einen kurzen Moment und erkenne die Wahrheit über dich selbst, erkenne, daß deine einzige Identität die Liebe ist. Laß es zu, daß du die grenzenlose Freude und den Frieden spürst, weil du weißt, daß du von Gott immer geliebt wirst und daß du mit Ihm und all Seinen Geschöpfen durch die Liebe verbunden bist. Denn die Wahrheit ist, daß wir die Liebe sind und deshalb auch gegenseitig Wunder vollbringen können. Wunder sind, nach meiner Definition aus Kapitel 1, diejenigen Bewußtseinsveränderungen, die die Blockaden in unseren Gehirnen auflösen, welche verhindern, daß wir die Gegenwart der Liebe in unserem Leben erfahren können.

Erwachen

Was ich gerade beschrieben habe, muß keine Phantasievorstellung bleiben. Das Licht der Liebe Gottes ist bereits in uns und wir brauchen nicht auf ein »besseres Morgen« zu warten, um Frieden und Glück in unserem Leben zu erfahren.

Die Freude des Himmels kann uns bereits jetzt gehören, und zwar nicht als Ort, sondern als Zustand des Einsseins, als Zustand der vollkommenen Verbindung. Alles, was wir zu tun haben, ist, von unserem Schlaf zu erwachen und zu erkennen, daß der Zustand, den wir für den Wachzustand hielten, nichts weiter als ein Traum ist – der Traum von einer illusionären Welt, in der Trennung und Kampf als wirklich erscheinen.

Die Bibel spricht zum Beispiel davon, daß Adam in einen tiefen Schlaf versetzt wurde, aus dem er nie wieder erwachte. Es scheint so, daß auch wir, wie Adam, lange Zeit geschlafen haben und unser Erwachen, ja unsere Wiedergeburt, von unserer Bereitschaft abhängt, vom Schmerz, der Schuld und der Angst, denen wir so lange nachgehangen haben, loszulassen. Denn es ist unser Verhaftet-Sein mit dem Schmerz, der Schuld und der Angst, das uns daran hindert, das Licht Gottes in unseren Brüdern und Schwestern zu sehen.

Befreiung aus dem Gefängnis unseres Verstandes

An dieser Stelle würde ich gerne die Geschichte eines Mannes erzählen, der in mein Leben trat, um mir das Wunder der Liebe, das aus der Vergebung heraus entsteht, zu zeigen.

Seit mein Buch »Liebe heißt die Angst verlieren« erschienen ist, habe ich viele Briefe bekommen, in denen die Menschen zum Ausdruck bringen, welch große Hilfe das Buch für ihr Leben darstellte. Im Fall eines Mannes, den ich hier Dave nennen will, war das jedoch anders. Er schrieb mir einen Brief, in dem stand, daß er der Auffassung wäre, das Buch »Liebe heißt die Angst verlieren« wäre das schlechteste Buch, das er je gelesen hätte. Er schrieb weiter, daß er sich in Einzelhaft in einem Hochsicherheitstrakt eines Gefängnisses befände und daß ich, wenn ich die gleiche brutale Behandlung durch die Gefängniswärter durchgemacht hätte wie er, auch zur Überzeugung gelangen würde, daß bestimmte Dinge, die Menschen tun, unverzeihbar sind. Außerdem sei ich ein verrückter Psychiater, der im Wolkenkuckucksheim wohnen würde . . .

Ich wollte Dave sehr gerne erwidern, ohne mich dabei verteidigen zu müssen. Ich wollte ihn nicht als Angreifer sehen, sondern eher als verzweifelten Menschen, der keine Liebe in seinem Leben finden konnte und sich von mir ein bißchen davon erhoffte. Mit diesen Überlegungen im Hinterkopf schrieb ich ihm einen Brief, und daraus entstand ein regelmäßiger Briefwechsel.

Etwa sechs Monate später sollte ich in einer Stadt einen Vortrag halten, die etwa zwei Autostunden von seinem Gefängnis entfernt lag. Ich nutzte die Gelegenheit, rief die Gefängnisleitung an und bekam eine Sondererlaubnis, ihn am Samstag morgens um acht Uhr zu besuchen. Mein innerer Führer sagte mir, daß ich mir für ihn die Zeit nehmen sollte, ihm die Liebe zu geben, die er so dringend brauchte, und daß ich ihn so akzeptieren sollte, wie er war, ohne Bedingungen zu stellen und ohne Absichten, ihn verändern zu wollen.

Dave betrat den Warteraum, und wir begrüßten uns kurz. Dann atmete er einmal tief durch und begann, ohne Unterbrechung zu reden. Sein Monolog dauerte etwa fünfundfünfzig Minuten. Fast jeder seiner Sätze bestand aus einer Anklage. Damit demonstrierte er, wie unser Ego-Verstand funktioniert: Wenn etwas in deinem Leben schiefläuft, finde jemanden, dem du dafür die Schuld in die Schuhe schieben kannst.

Er beschuldigte seine Eltern, ihn als Kind körperlich und seelisch mißhandelt zu haben. Er beschuldigte seinen Vater, daß er Alkoholiker war und die Familie verlassen hatte. Er beschuldigte seine Mutter, daß sie sich mit Männern herumtrieb und daß sie dafür verantwortlich sei, daß er im Fürsorgeheim gelandet war. Und er machte die Gesellschaft dafür verantwortlich, daß er die meiste Zeit seines Lebens im Gefängnis verbracht hatte.

Er sagte, er säße zur Zeit wegen Unterschlagung, doch er wäre unschuldig. Er habe das Verbrechen nicht begangen, die Behörden hätten den falschen Mann verhaftet. Er fügte hinzu, daß er wegen schlechter Führung mindestens acht Jahre lang keinen Anspruch auf Straferlaß hätte.

Als die Besuchsstunde, die ich bewilligt bekommen hatte, fast um war, sagte ich ihm, daß ich in fünf Minuten gehen müßte. Ich fragte ihn: »Gibt es noch etwas anderes, was du sagen möchtest?«

Er sagte, ich solle ihm einen Fernsehapparat schicken, wenn ich wieder daheim in Kalifornien wäre. Und zwar keinen Schwarz-Weiß-Apparat, sondern einen Farbfernseher. Warum es ausgerechnet ein Farbfernseher sein mußte, war mir zwar schleierhaft, doch es schien sein fester Wille zu sein.

Beim Gehen fiel mir ein, ihm zu erzählen, daß ich heute noch einen Vortrag zu halten hatte. Ich fragte ihn, ob er, wenn ich sein Sprachrohr wäre, den Zuhörern etwas zu sagen hätte. Ohne eine Sekunde nachzudenken, antwortete er: »Erzählen Sie Ihren Zuhörern, daß es das Wichtigste ist, den Menschen zu vergeben, die wir unser Leben lang am meisten gehaßt haben. Nur so können wir inneren Frieden erleben.«

Daves Antwort war für mich eine völlige Überraschung, denn sie stand ja im krassen Gegensatz zu dem, was er mir die letzten fünfundfünfzig Minuten erzählt hatte! Welch ein gutes Beispiel dafür, wie sehr unser Geist sich spalten kann. Und es zeigt uns auch auf eindrucksvolle Weise, daß ein Teil unseres Verstandes immer die Wahrheit kennt, auch wenn unser Ego voller Angst ist.

Bevor ich ging, erzählte ich ihm, daß wir vom »Zentrum für die Heilung von Einstellungen« der festen Überzeugung sind, daß nichts unmöglich ist. Wir glauben, daß es unsere Gedanken sind, die unsere Wirklichkeit bestimmen; woran wir glauben, bestimmt auch, was wir sehen. Ich machte ihm Mut und sagte ihm, daß auch er sein Glaubenssystem verändern könnte; wenn er zum Beispiel glaube, daß eine Haftstrafverkürzung gut für ihn sei, könne er sie schon viel früher bekommen, als er derzeit annehme.

Während meines Vortrags, später an diesem Tag, erzählte ich den Zuhörern von meinem Gespräch mit Dave. Ich sagte, daß wir uns selbst heilen, wenn wir uns anderen Menschen schenken. Ich gab Daves Gefängnisadresse öffentlich bekannt, mit dem Hinweis, daß jeder, der Lust dazu hätte, ihm schreiben könnte. Als ich nach Kalifornien zurückkehrte, schickte ich ihm statt des Farbfernsehers für fünfzig Dollar Briefmarken.

Etwa fünf Wochen später bekam ich einen Brief von Dave, in

dem er schrieb: »Mensch, Jerry, da gibt es ja Leute außerhalb des Gefängnisses mit viel größeren Problemen, als ich sie habe.« Weiter erzählte er, daß ihm viele Menschen geschrieben und ihm um Hilfe gebeten hätten, und er fügte hinzu: »Wie kann ich denn jemand anderem helfen, wenn ich hier in Einzelhaft sitze und selber nicht zurechtkomme?« Wegen seiner Erlebnisse in der Vergangenheit fiel sein Urteil über sich selbst vernichtend aus: Er hielt sich für den schuldigsten und unversöhnlichsten Menschen auf Gottes Erdboden.

Er schrieb jedoch auch, daß er – seit er versuchte, anderen zu helfen – sich selbst, seine Eltern und auch seine Wächter mit anderen Augen betrachte. Er beginne zu überlegen, daß nicht die Betonwände sein eigentliches Gefängnis seien, sondern daß er von seiner Schuld und Angst eingesperrt werde, die ihn zur Bewegungslosigkeit verurteilen. Und er fügte hinzu, daß er mehr und mehr erkennen würde, welche Bedeutung die Vergebung hat, um sich von diesen negativen Gefühlen zu befreien. Ein paar Monate später erhielt ich einen Brief von einem Beamten, der Dave regelmäßig sah und mir von der erstaunlichen Wandlung, die er bei Dave festgestellt hatte, erzählte.

Etwa ein Jahr nach meinem Besuch bei Dave bekam ich wieder einen Brief von ihm, in dem er erzählte, daß er in Kürze vor dem Ausschuß erscheinen werde, der über seine Haftverkürzung zu entscheiden hatte. Er fragte mich, ob ich ihm einen Empfehlungsbrief schreiben könnte. Ich schrieb ihm zurück, daß ich ihm keinen Empfehlungsbrief schicken könnte, weil ich ihn ja erst einmal gesehen hatte, aber daß ich den Behörden in einem Brief von meinem Besuch und dem regen Briefwechsel berichten könnte.

Zwei Monate später erhielt ich einen Telefonanruf von Dave. Er sei aus dem Gefängnis entlassen und lebe nun mit einer der Frauen, die mit ihm in Briefkontakt gestanden waren, zusammen. Das wäre mir nicht im Traum eingefallen, daß ich, indem ich Dave half, auch noch zum Heiratsvermittler avanciere!

Daves Erfahrung verdeutlicht wunderschön das Thema unserer heutigen Lektion. Es ist die persönliche Demonstration der Wahrheit, wie sie im folgenden Zitat aus dem »Kurs in Wundern« beschrieben wird:

In der Vergebung finde ich alles, was ich brauche.
Was willst du sonst noch, was dir die Vergebung nicht geben kann? Willst du Frieden? Die Vergebung gibt ihn dir. Willst du Glück, einen ruhigen Geist, Gewißheit und ein Gefühl für Würde und Schönheit, das über das Weltliche hinausgeht? Willst du Fürsorge und Sicherheit und die Wärme eines schützenden Schirmes? Willst du eine Stille, die durch nichts gestört werden kann, eine Sanftheit, die nicht verletzt werden kann, tiefen, anhaltenden Trost und eine Ruhe, die vollkommen ist?
All dies findest du in der Vergebung und noch mehr. Sie leuchtet in deine Augen, wenn du aufwachst, und gibt dir die Freude für den ganzen Tag. Sie liegt sanft auf deiner Stirn und deinen Augenlidern, wenn du schläfst, so daß du keine Träume haben wirst, in denen dir das Böse begegnet. Und wenn du wieder aufwachst, bringt sie dir einen neuen Tag voll Glück und Frieden! All dies findest du in der Vergebung, und noch mehr.

Schritte, wie wir die heutige Lektion in unsere Alltagserfahrungen integrieren können
1. Stell dir folgende Fragen:
a) Will ich wirklich glücklich sein?
Will ich wirklich friedlich sein?
Will ich wirklich Liebe erfahren?
Will ich wirklich hundert Prozent meines Zorn aus der Vergangenheit aufgeben?
b) Denk dann an eine bestimmte Person in deinem Leben – aus deiner Vergangenheit oder der Gegenwart – von der du glaubst, daß sie deinem Gefühl, Frieden und Freude zu empfinden, im Weg steht.
c) Frag dich dann, ob du wirklich dazu bereit bist, dieser Person für das zu vergeben, was sie dir vermeintlich angetan hat.

Wenn deine Antwort »Ja« lautet, verpflichte dich ab sofort dafür, diese Person mit anderen Augen – mit den Augen der Liebe – zu betrachten.

2. Denk an ein Ereignis – aus der Vergangenheit oder Gegenwart –, in dem du dich verantwortlich dafür gefühlt hast (oder fühlst), daß jemand anderer leiden mußte.

a) Stell dir diese Person als vollkommen geheilt und ganz vor.

b) Denke daran, daß dein wahrer Geist nur Gedanken der Liebe kennt. Sei dazu bereit, dir selbst für all das, was du früher vermeintlich Schlimmes getan hast, zu vergeben.

3. Sag heute ein paarmal zu dir selbst: »Ich muß nicht auf andere warten, daß sie Vergebung für sich selbst üben. Ich übe Vergebung mit Freuden für mich selbst, und zwar sofort.«

4. Stell dir vor, du hast einen riesigen Schlüsselbund mit hunderten von Schlüsseln daran. Das sind all die Schlüssel, die du dazu benutzt hast, um die Türen zum Geld, zum Urlaub, zu bestimmten Beziehungen etc. aufzuschließen. Hinter keiner dieser Türen fandest du jedoch beständigen Frieden und Freude, nach denen du gesucht hast. Visualisiere nun dich selbst, wie du den großen Schlüsselbund einfach wegwirfst. Stell dir jetzt vor, du wärst von Licht umgeben, das sich langsam – in Form von Laserstrahlen – in einen Schlüssel verwandelt. Betrachte dieses Gebilde als den Schlüssel zur Vergebung und sei dir bewußt, daß du mit ihm alles bekommst, was du willst.

5. Nachdem du jetzt dich und andere durch die Vergebung befreit hast, erfahre nun die ganze Freude und den Frieden aus der Gewißheit heraus, daß dich Gott immer lieben wird und du mit Ihm und allen anderen durch die Liebe verbunden bleibst.

Lektion 14: In meiner Wehrlosigkeit liegt meine Sicherheit

> Wehrlos müssen wir sein, damit unser Geist die Wahrheit
> mit Gewißheit erkennen kann.

Der Teufelskreis von Angriff und Verteidigung

In unserer Welt heute herrscht der Glaube vor, daß es nicht nur
natürlich, sondern auch klug und ratsam ist, sich ständig in
Verteidigungsbereitschaft zu halten. Wir haben uns dieses Verhalten angewöhnt, weil wir glauben, daß Angriff etwas Unver-
meidbares ist und wir jederzeit zum Gegenangriff bereit sein
müssen. Nach dieser Denkweise ist die Wahrscheinlichkeit, daß
wir angegriffen werden, umso geringer, je verteidigungsbereiter
wir sind. Dieser Glaube zeigt sich nicht nur in unseren persönlichen Beziehungen, sondern auch in den internationalen Beziehungen mit anderen Ländern. Unsere politischen Führer – deren
Ansichten von der Mehrheit der Bevölkerung geteilt werden –
reden uns ein: Je mehr militärische Waffenarsenale wir anhäufen,
desto stärker werden wir sein. Konsequenterweise glaubt man
dann auch, daß allein der Besitz einer großen Anzahl von Waffen
bewirkt, daß ein anderes Land es sich zweimal überlegt, bevor es
zu einem Angriffsschlag gegen uns ausholt. Wenn wir aber auf
Abwehr eingestellt sind, provozieren wir nur mehr Angriff und
vergessen dabei, daß wir zur Vergebung bestimmt sind.
Diese Verteidigungsbereitschaft zeigt sich in unseren persönlichen Beziehungen auf vielen Ebenen. Die »Faust«-Regel scheint
zu lauten: »Wenn du das Gefühl hast, jemand will dich angreifen,
greif selbst an.« Wenn dich zum Beispiel jemand anschreit und
du hast nicht das Gefühl, du hättest etwas getan, was seinen Zorn
rechtfertigen würde, schrei zurück. Greif an, greif an, greif an!
Wo Angriff ist, ist keine Liebe. Man kann nicht einfach jemanden angreifen oder Angriffsgedanken gegen jemanden hegen und
zur gleichen Zeit liebevoll sein. Solche Gedanken ziehen immer

Schuldgefühle nach sich; und dann erleben wir diese unheilvolle Verstrickung aus Schuld, Angst, Haß, Angriff und Verteidigung.

Wenn wir nach dem Gesetz Gottes, dem Gesetz der Liebe, vorgehen, erkennen wir in jedem, dem wir begegnen, das Licht der Liebe, und alle unsere Angriffs- und Verteidigungsabsichten fallen von uns ab. Wenn wir uns bewußt dafür entscheiden, den anderen und uns selbst nicht als Angreifer zu sehen, verschwindet auch die Angst, und wir können uns wieder in unserem natürlichen Zustand der Wehrlosigkeit erleben.

Illusionen ohne Wert

Wenn wir uns im Gegensatz dazu im Zorn erleben, geschieht das deshalb, weil wir immer noch glauben, daß Angst und Schuld wirklich existieren. Manchmal versuchen wir unseren Zorn einfach zu unterdrücken, mit dem Resultat, daß er in anderer Form wieder auftaucht, zum Beispiel als Angriff auf unseren eigenen Körper. Die Unterdrückung unserer Gefühle ist also nicht des Rätsels Lösung. Die Antwort liegt in der Erkenntnis, daß Angst, Schuld und Zorn selbst Illusionen und deshalb wertlos sind. Wenn uns bewußt wird, daß etwas keinen Wert mehr besitzt, sind wir auch in der Lage, davon zu lassen. Wir hängen nur an Sachen, die wir für wertvoll halten.

Wir haben bereits die Tatsache besprochen, daß wir nur zwei Gefühle kennen: Liebe und Angst. Liebe ist unser natürliches Erbe, und Angst ist eine Erfindung unseres Verstandes. Angst kann niemals wirklich sein. Sie ist immer eine Illusion und entsteht aus dem falschen Glauben heraus, daß man uns angreift. Ihre häufigen Begleiter sind der Haß und die Schuld.

Die Liebe Gottes ist die einzige Wirklickeit, die existiert, und unser Geist kennt nur die Gedanken der Liebe. Da der Geist nicht angreifen kann – das kann nur unser Körper –, besteht die Illusion, daß wir Körper sind, nur darin, daß wir fälschlicherweise annehmen, wir wären von Gott und allen Menschen getrennt.

Unser Meister und Lehrer, Jesus, lehrte uns während seines Lebens auf dieser Erde viele Male, daß die Liebe das einzig Wertvolle ist, die einzige Sache, die wirklich existiert. Er wußte, daß seine einzige und wahre Beziehung die zu Gott war, und in dieser Beziehung war für die Angst kein Platz. Aus der Sicherheit heraus zu wissen, daß sein Vater ihn niemals verlassen oder ohne Trost zurücklassen würde, bewies uns Jesus immer wieder, daß es möglich ist, sich in Beziehungen zu anderen Menschen wehrlos zu zeigen.

Letztes Jahr bekam ich einen Brief von Joanne Wilson, in dem sie mir von einem Erlebnis berichtete, das ein Beispiel von Wehrlosigkeit aufzeigt.

Lieber Jerry,
als ich die Oktoberausgabe der Zeitschrift *Unity* noch einmal durchlas und dabei Ihren Artikel »In meiner Wehrlosigkeit liegt meine Sicherheit« fand, beschloß ich, Ihnen zu schreiben und Ihnen von einem Erlebnis zu berichten, das genau das Thema Ihres Artikels bestätigte.
Letztes Jahr, kurz vor Weihnachten, gab mir mein Chef einen Nachmittag frei, weil wegen eines Schneesturms nicht mehr viele Kunden zu erwarten waren. Ich nutzte die Gelegenheit, um meine Weihnachtseinkäufe zu erledigen. Wegen eines Geschenks mußte ich in einen anderen Ort fahren, der etwa fünfzig Kilometer entfernt lag. Da das Wetter miserabel war, betete ich zu Gott, ob ich fahren sollte, und irgendwie sollte es so sein; ich wurde innerlich fast dazu getrieben.
Die Straßen waren in einem fürchterlichen Zustand, und ein paarmal war ich drauf und dran umzukehren, aber ich fuhr weiter. Im Ort angekommen, kaufte ich rasch das Geschenk und machte mich sogleich auf den Heimweg.
Aus dem Ort heraus konnte man wegen des schlüpfrigen Straßenzustands nur im Schrittempo fahren; die Autos standen fast Stoßstange an Stoßstange. Plötzlich bemerkte ich einen Mann, der per Anhalter mitfahren wollte. Ich hatte mich vor einiger Zeit entschlossen, keine Angst mehr davor zu haben, Tramper mitzunehmen, weil mich Gott, der Herr, lehrte, die Angst durch die Liebe zu ersetzen. Ich zögerte deshalb auch keinen Augenblick und bot dem Mann die Mitfahrt an.
Dieser schien zunächst verunsichert zu sein, daß eine Frau wegen ihm anhielt, und besonders eine weiße Frau, denn er war indianischer

Herkunft; doch dann stieg er ein. Wahrscheinlich hatte er Drogen genommen. Zuerst dachte ich, er wäre betrunken, doch er hatte keine »Fahne«. Er machte einen sehr verstörten Eindruck, und es schien ihm schlecht zu gehen; als ich ihn fragte, wo er hinwolle, sagte er, er wüßte es nicht. Ich schlug ihm vor, ihn wohin zu bringen, wo er Hilfe bekommen könnte, doch er schlug das Angebot aus. Manchmal starrte er mich ganz nüchtern an, suchte meinen Augenkontakt und brach dann in Tränen aus. Dann schien er sich wieder zu fangen, starrte mich wieder an, griff dabei in seine Jackentasche und, so geschah es ein paarmal hintereinander, brach dann wieder völlig zusammen, legte den Kopf in seine Hände, weinte bitterlich und sagte dann immer wieder: »Ich will Ihnen nicht wehtun. Es tut mir so leid.«

Wir fuhren ganz dicht hinter einem Lastwagen her, so daß unsere Sicht sehr beschränkt war. So sah ich auch nicht die Straßensperre, bis wir selbst angehalten wurden. Vor uns sahen wir Polizisten am Straßenrand stehen, die jeden Wagen anhielten, in ihn hineinschauten und dann weiterwinkten. Als unser Wagen an die Reihe kam, sagte der Indianer pötzlich zu mir: »Sagen Sie Ihnen nicht, wer ich bin«, aber das hatte er mir ja sowieso nicht erzählt. Dann kurbelte er wie selbstverständlich sein Seitenfenster herunter. Der Polizist nannte ihn beim Namen, zog ihn aus dem Wagen heraus und legte ihm Handschellen um – das alles in einem solchen Tempo, daß ich kaum mitbekam, was geschehen war. Dann machte der Polizist mir ein Zeichen weiterzufahren, ohne mir eine Frage gestellt zu haben (was mich und meinen Mann, dem ich die Geschichte hinterher erzählte, sehr verwunderte).

Ich hatte mir als gläubiger, aktiver Christ noch überlegt, was ich ihm noch mit auf den Weg geben sollte, als er so schnell aus dem Wagen gezogen wurde, doch ich konnte ihm nur noch ein »Geh mit Gott, mein Freund« hinterherrufen, bevor ich wegfuhr.

Dieser Mann war durch meine Furchtlosigkeit und meine Fürsorge für ihn vollkommen »entwaffnet«. Ich bin mir sicher, daß der Mann eine Waffe in seiner Jackentasche hatte, die ihm zu seiner Flucht verhelfen sollte. Stattdessen war er verwirrt und hilflos. Der Polizist hatte keine Mühe, ihn festzunehmen. Er wehrte sich nicht, ja er war fast friedlich.

Eine Weile auf der Heimfahrt weinte ich noch und dachte, ich hätte dem Mann, der ja so verwirrt und verzweifelt war, nicht in ausreichender Weise geholfen. Doch dann begann ich mich zu freuen, als mir klar wurde, daß es Jesu Wille war, dort hinzufahren und genau das zu tun, was ich getan hatte; daß die beste Art, diesem Mann in diesem Moment zu helfen, die war, ihn daran zu hindern, etwas in seiner Verzweiflung zu tun, was jemand anderem Schaden zugefügt hätte.

Ich konnte nur deshalb so reagieren, weil mir Jesus die Kraft dazu gab, die Liebe an die Stelle von Angst zu setzen. Obwohl ich wehrlos war, war ich vollkommen sicher. In der Wehrlosigkeit lag meine Sicherheit.

Viel Glück auf Ihrem weiteren Weg!

Joanne Wilson

P. S. Die Straßen waren übrigens auf der ganzen Heimfahrt in einem schrecklichen Zustand, doch ich war überglücklich und kehrte sicher nach Hause zurück.

Joannes Bericht über die Kraft, die in der Wehrlosigkeit steckt, ist sicher ein besonders dramatisches Beispiel für unsere heutige Lektion. Er ist aber auch ein Zeugnis dafür, wie gut es ist, seinem inneren Führer zu vertrauen, was selbst ja wieder ein Beispiel für Wehrlosigkeit darstellt.

Auch Provokateure sind unsere Lehrer

Einer der Vorteile, den ich dadurch habe, daß ich viel im Land herumkomme, um meine Vorträge zu halten, ist der, daß ich ständig gefordert bin, die Konzepte, über die ich referiere, auch in die Praxis umzusetzen. Solche Herausforderungen erinnern mich auch stets daran, daß wir immer das lehren sollten, was wir selbst lernen wollen.

Eine solche Herausforderung erlebte ich vor ein paar Jahren auf einer Vortragsreise durch Australien. Auf meiner Reise quer durch den ganzen Kontinent, wurde ich auch zu einer Reihe von Fernseh- und Radioauftritten eingeladen. In Sydney traf ich einen Rundfunkreporter, der, durch die Augen meines Egos betrachtet, einen sehr feindseligen Eindruck erweckte. Aus Gründen der Anonymität werde ich ihn Roger nennen. Er begann unser Gepräch damit, daß er meine Ideen als leeres Gewäsch ohne Substanz bezeichnete. Ich bin mir sicher, daß die meisten Menschen seine Interviewtechnik als sehr provokant, aggressiv und herablassend empfunden hätten.

Ich muß gestehen, daß meine erste Reaktion Angst war, und ich war versucht, in die Defensive zu gehen. Roger drückte bei mir auf einige»Knöpfe«, die mein Innerstes berührten. Doch statt etwas zu erwidern, was für uns beide nur noch Schmerz, Schuld und Trennung bedeutet hätte, konnte ich für einen Moment innehalten und daran denken, daß ich nur meinen inneren Frieden wollte. Ich entschloß mich, wehrlos zu sein. Ich wollte in Roger nicht mehr den Angreifer sehen, sondern eher einen ängstlichen Menschen, der einen Hilferuf nach Liebe aussandte. Ich konzentrierte mich die nächsten Minuten darauf, ihm liebevolle Gedanken zuzusenden, ohne die Absicht, ihn verändern zu wollen. Interessanterweise wurden seine Bemerkungen in den letzten zehn Minuten des Interviews um einiges »zahmer«.

Am Abend hatte ich einen öffentlichen Vortrag zu halten. Ich war nicht wenig erstaunt, als ich unter den Zuschauern meinen Interviewer vom Vormittag, in der dritten Reihe sitzend, erspähte.

Am nächsten Tag rief mich Roger an. Er schien sehr freundlich zu sein und fragte mich, ob ich bereit wäre, mit ihm über ein persönliches Problem zu sprechen, das ihm arg zu schaffen machte. Ich war einverstanden, und er besuchte mich in meinem Hotel.

Roger schien, im Vergleich zum Vortag, als er das Interview mit mir machte, ein ganz anderer Mensch zu sein. Er war warm und sanft und – was mich am meisten überraschte – er vertraute mir. Er vertraute mir intime Einzelheiten über sich selbst an, mit denen andere bei einem ersten Gespräch vorsichtiger umgegangen wären. Es war deutlich zu spüren, daß er sich bei mir sicher fühlte.

Während unseres Gesprächs mußte ich an unser Interview denken und ich war sehr dankbar, daß es mir möglich war, mich wehrlos zu geben. Meine Ahnung sagte mir, daß die meisten Menschen bei Roger sofort zum Gegenangriff übergingen, was er mir später bestätigte. Die Schuld, die er bei seinen zornigen Attacken empfand, war riesengroß, und so konzentrierte ich mich darauf, ihm dabei zu helfen, von seinen Schuldgefühlen, die eine große Anziehung auf ihn ausübten, zu lassen. Später schrieb er mir und bedankte sich für die große Hilfe, die ihm dieses Gespräch gebracht hatte.

Ich bin mir sicher, daß ich mich in der Zeit, bevor ich mich auf den spirituellen Weg machte, ganz anders verhalten hätte. Mein altes Persönlichkeits-Selbst wäre in die Defensive gegangen und hätte dann zum Gegenangriff »geblasen«. Beide hätten wir nur Schmerz, Schuld und Trennung erfahren, und für die Liebe wäre kein Platz gewesen.

Aus dem Erlebnis mit Roger lernte ich, daß sich dir eine völlig neue Welt erschließt, wenn du es willst. Roger bewies, daß du wirklich die Wahl zwischen Frieden und Streit, zwischen Liebe und Schuld hast. Ich lernte aufs neue, daß wir unsere Beziehungen heilen können, wenn wir der Schuld Lebewohl sagen. Wenn wir es nicht länger für wert erachten, uns als die Opfer zu betrachten, und auch nicht länger das Spiel von Angriff und Verteidigung mitspielen, werden wir nur noch die Liebe erleben.

Jeden Tag bieten sich neue Gelegenheiten, die heutige Lektion in die Praxis umzusetzen. Es gibt keinen Aspekt unseres täglichen Lebens, der nicht davon profitieren würde, wenn wir unsere Verteidigungsbereitschaft und unsere Angst, angegriffen zu werden, aufgeben und uns dem Schutz der Liebe Gottes anvertrauen. Meine Erfahrung lehrt mich immer wieder, daß alle Konflikte, die wir mit anderen Menschen haben – ganz gleich in welcher Form sie stattfinden –, nur auf dem alten Spiel der Schuld basieren.

In meiner Wehrlosigkeit liegt meine Sicherheit.

Auf den »Angreifer« Welt mit Verteidigung zu reagieren, tut nicht gut, da es unser eigenes Gefühl der Schwäche und Verletzbarkeit nur verstärkt. Nur die, die voll der Angst sind, glauben, daß Verteidigung sie beschützt. Dabei erkennen sie nicht, daß sie sich in der endlosen Spirale von Angriff und Verteidigung verfangen. Wehrlos zu sein, bedeutet Stärke und ist unangreifbar. Ich erkenne heute, daß Verteidigung uns nicht beschützt, sondern das Gegenteil von dem erreicht, was wir wollen.

Schritte, wie wir die heutige Lektion in unsere Alltagserfahrungen integrieren können

1. Denke an jemanden, von dem du glaubst, daß er (oder sie) dich in der Vergangenheit angegriffen hat und dem du dafür nicht vergeben hast. Wenn du an diese Person denkst, sagst du gleichzeitig zu dir selbst: »(Name der Person), ich lasse dich frei und ich weiß, daß wir beide sicher sind und von Gottes Liebe umfangen sind. Ich fühle mich ruhig und zuversichtlich, daß dich und mich nichts mehr verletzen kann.«

2. Denk heute, so oft du kannst, über folgendes nach: Jedesmal, wenn ich mich gegen jemanden verteidige, greife ich in Wirklichkeit diese Person an und nehme die Liebe von dieser Person und von mir selbst weg.

3. Sage den ganzen Tag über, immer wenn du versucht bist, jemanden zu attackieren, zu dir selbst: »In meiner Wehrlosigkeit liegt meine Sicherheit und Stärke. Heute entscheide ich mich gegen meine Schwäche.«

4. Wenn du jemanden siehst oder von jemandem hörst, der heute angegriffen wird, denk daran, daß es deine Bestimmung ist, Liebe weiterzugeben, und nicht, dich mit dem Aggressor oder mit dem Opfer zu identifizieren. Sage dir: »Heute ist die Liebe ›dran‹, nicht die Angst und der Angriff.« Entscheide dich dann für die »Form« von Liebe, die dir in der bestimmten Situation am angemessensten erscheint.

5. Das folgende ist ein Rezept, wie man verhindern kann, die anderen als Angreifer und sich selbst als Verteidigende(r) zu sehen: Beruhige deinen Geist und bestimme, an welchen Schuldgedanken, wenn überhaupt, du noch festhältst. Betrachte diese Gedanken als unerwünscht, unwirklich und wertlos. Lasse diese Gedanken jetzt los. Wenn du dies tust, wirst du auch nicht versucht sein, sie auf andere zu projizieren.

Nachwort

Die Schuld ist ein Gefühl, das wir erfunden haben. Sie bringt uns ins Gefängnis und ist selbst gleichzeitig das Gefängnis. Sie sperrt unseren Geist ein und legt ihm die Fesseln der Selbstverachtung und Depression an. Sie ist die Schwerkraft, die uns am Boden festnagelt und uns auf unsere physische Wirklichkeit beschränkt. Sie verbietet uns, aus unserem Schlaf zu erwachen, und in diesem Zustand des Träumens fühlen wir uns von Gott und unseren Brüdern und Schwestern getrennt.

Unser aller Geist kann, wenn er sich zu einem verbindet und seine Wirklichkeit erkennt, keine Schuld empfinden. Wenn wir aufwachen und dies erkennen, können wir all unsere Ängste durch Vergebung loslassen und der Schuld wirklich Lebewohl sagen. Durch beständige Übung werden wir nur noch

die Gegenwart des Friedens
die Gegenwart der Liebe
die Gegenwart der Freude
die Gegenwart Gottes
erfahren.

Erwachen wir aus unserem Traumzustand und erleben wir alle zusammen, wie wir unser Leben in die Hände Gottes legen und Ihm, uns selbst und einander Vertrauen schenken.

Laßt uns frei sein.
Laßt uns ohne Grenzen sein.
Laßt uns geheilt, ganz, eins sein.

Schlagen wir zusammen eine Brücke der Vergebung, nehmen wir den Frieden für uns selbst an und bringen ihn der ganzen Welt.

KÖSEL

Gerald G. Jampolsky

Aus der Dunkelheit ans Licht

Mein Weg zu innerer Heilung
und verstehender Liebe
239 Seiten. Gebunden
Kösel-Verlag, München

In diesem optimistisch geschrieben
Buch schildert der weltbekannte Autor
und Therapeut seinen eigenen Weg aus
Schuldgefühlen, Angst und Verzweiflung
zu innerem Frieden und verstehender Liebe.

Für alle, die manchmal nicht weiter
wissen, kann sein Beispiel richtung-
weisend sein und Mut und Hoffnung machen.

LEBENSFREUDE
MIT ALTEM WISSEN

13972

Die Erfolgsautoren und Initiatoren der »Mondwelle« rufen ebenso altes wie zeitloses Wissen um die Rhythmen der Natur wieder ins Bewußtsein: Damit jeder aus eigener Kraft das Beste für sein Wohlbefinden tun kann.

Feng-Shui ist die uralte chinesische Wissenschaft von der Wirkung des Lebensraums auf den Menschen. Detaillierte Anleitungen ermöglichen es jedem, über ein harmonisch ausgerichtetes Heim seine Lebensqualität zu verbessern.

16120

Mosaik bei GOLDMANN

KÖRPERSPRACHE – UNSER ELEMENTARSTES KOMMUNIKATIONSMITTEL

Samy Molcho ist einer der berühmtesten Pantomimen und Spezialist für Körpersprache.

Anschaulich vermittelt er die Grundlagen der Körpersprache, damit wir lernen können, sie bei anderen zu entziffern und selbst wirkungsvoll einzusetzten – im Beruf wie im Privatleben.

Alle lieferbaren Titel:

- Körpersprache (12667)

- Partnerschaft und Körpersprache (12718)

- Körpersprache im Beruf (12733)

- Körpersprache der Kinder (12731)

Sämtliche Bände enthalten zahlreiche Fotos.

GOLDMANN

SAMY
MOLCHO

SCHÖNHEIT/
GESUNDHEIT/ERNÄHRUNG

16131

16119

16114

13533

Mosaik bei GOLDMANN

KRAFTQUELLEN ENTDECKEN

16101

16119

10888

16115

Mosaik bei GOLDMANN